Méthode de français

ZigZag+

A2.1

Hélène Vanthier

Directrice éditoriale : Béatrice Rego

Édition : Brigitte Faucard

Création maquette : Dagmar Stahringer

Mise en page : Christine Paquereau, Dagmar Stahringer

Illustrations : Paul Beaupère, Oscar Fernandez

Couverture : conception : Miz'enpage - réalisation : Dagmar Stahringer

Iconographie : Juliette Barjon, Christine Morel

Enregistrement : Studio Bund

© CLE International, 2019
ISBN : 978-209-038433-8

AVANT-PROPOS

ZigZag est une méthode d'apprentissage du français pour les enfants à partir de 7 ans. Elle propose une approche dynamique qui sollicite majoritairement le jeu et l'action, mais engage également l'activité réflexive du jeune apprenant. Avec *ZigZag*, les enfants découvrent, jouent, chantent, bougent, réfléchissent et interagissent pour réaliser des tâches d'apprentissage motivantes et mener à bien des projets concrets.

Les différentes compétences du CECR, écouter, comprendre, exprimer, interagir à l'oral et à l'écrit, y sont développées (niveau A2 pour *ZigZag 3*).

Sa conception claire et attrayante, ses personnages sympathiques et joyeux, ses thèmes adaptés aux goûts d'un jeune public font de leur apprentissage du français une expérience tonique et motivante !

Zigzag, c'est :

Une unité 0

6 unités d'apprentissage comprenant :

- Trois leçons d'une double-page. On trouve dans chaque leçon :
  - **des paysages sonores et visuels** qui plongent l'enfant dans l'univers du thème £abordé et introduisent les nouveaux éléments langagiers à travers une écoute active ;
  - **des activités de compréhension orale riches et diversifiées** qui permettent à l'enfant d'apprendre à comprendre et à identifier les divers éléments de la langue ;
  - **des activités de production orale motivantes** qui invitent l'enfant à communiquer en interaction avec ses camarades ;
  - **des activités de compréhension écrite** qui proposent à l'enfant de découvrir et de comprendre des textes authentiques simples, proches de ses centres d'intérêt ;
  - **Des chansons joyeuses et toniques** qui dynamisent l'apprentissage.

  Et aussi…
  - **Des rubriques pour comprendre comment fonctionne la langue :**
  - *La boîte à sons de Pic Pic le hérisson* qui invite les enfants à découvrir la « musique » du français et prépare à la mise en relation phonie-graphie développée dans le cahier d'activités.
  - *La boîte à outils de Pirouette la chouette* qui propose une première structuration du fonctionnement de la langue.
- Une page BD qui reprend avec humour les éléments langagiers introduits dans l'unité.
- Une page Projet qui permet, à travers la réalisation d'une tâche collaborative et motivante, le réinvestissement et l'intégration des compétences développées.

Les « plus » de cette nouvelle édition

6 double-pages « Découvertes » et « La vidéo de Félix »

- Le blog de Félix ouvre l'enfant sur la diversité des cultures et des paysages francophones et l'invite à comparer son expérience avec le mode de vie d'autres enfants dans le monde.
- Je découvre avec Félix propose à l'enfant un éveil au monde qui l'entoure à travers des activités de découvertes interdisciplinaires.
- La vidéo de Félix clôt chaque unité en proposant une rencontre avec de « vrais » enfants francophones. Elle permet aux jeunes apprenants de développer des stratégies de compréhension et de réutiliser des éléments de langue découverts en cours d'unité.

3 double-pages « Les jeux du Club Zigzag »

invitent l'enfant à jouer, tout en réactivant sur un mode tonique et interactif les apprentissages réalisés au cours des 2 unités précédentes.
- Une version numérique du livre de l'élève et du cahier entièrement interactive.

ZigZag 3 vous souhaite… de jolies découvertes !

LEÇON 1 — ON PART EN VOYAGE ?

1   Lis et écoute.

Bonjour les amis,
Nous partons en voyage avec Bouba, en hélicoptère !
Nous allons visiter de nouvelles régions et de nouveaux pays.
Nous allons aussi rencontrer de nouveaux amis.
Voulez-vous venir avec nous ?
Alors... Tous en route pour de belles aventures !

Félix   tilou   Bouba   Pirouette   Lila   pic pic

2  À qui Félix et ses amis écrivent-ils ? Que vont-ils faire ?

4

UNITÉ 0 ~ En route pour l'aventure !

3 Les photos de voyage de Félix.

a.  Écoute et montre.

b.  Associe chaque photo à une légende.

sur une plage, après l'orage

sur l'île de La Réunion   au Vietnam   sur l'île de Madagascar   à Chamonix, en hiver

4 Un tour de la terre en hélicoptère !

  Écoute, montre et dis ce que chacun veut faire.

LEÇON 2 — J'APPRENDS AVEC FÉLIX

1 Des mots pour la classe.

a. Qui dit quoi ? Observe, écoute et associe.

a. Quelle est la date aujourd'hui ?

b. Je n'ai pas compris ! Vous pouvez répéter ce nombre s'il vous plaît ?

c. Ouvrez votre livre à la page 6 !

d. Est-ce que je peux aller aux toilettes s'il vous plaît ?

e. Nina, ferme la porte s'il te plaît !

f. Tu peux me prêter ta gomme s'il te plaît ?

b. Connais-tu d'autres phrases utiles pour la classe de français ?

2 L'interview de Félix.

a.  Écoute et réponds.

Quel est ton jour préféré ?

Tu vas à l'école comment ?

Tu habites où ?

Ton anniversaire, c'est quand ?

Tu sais compter jusqu'à 100 ?

Qu'est-ce que tu aimes faire pendant les vacances ?

b. Interview tes camarades.

UNITÉ **0** En route pour l'aventure !

3 Dis une poésie avec Tilou !

a.  Lis la poésie dans ta tête, puis écoute.

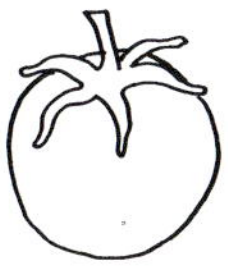

Sept couleurs magiques !

Rouge comme un fruit du Mexique
Orangé comme le sable d'Afrique
Jaune comme les girafes chics
Vert comme un sorbet de Jamaïque
Bleu comme les vagues du Pacifique
Indigo comme un papillon des tropiques
Violet comme les volcans de Martinique
Qui donc est aussi fantastique ?
Est-ce un rêve ou est-ce véridique ?
C'est dans le ciel magnifique
L'arc aux sept couleurs magiques.

Mymi Doinet

b.  Lis encore et associe chaque couleur magique au bon dessin.

Rouge... comme un fruit du Mexique !

c. Écoute encore, puis dis la poésie avec tes camarades.

7

LEÇON 1 — BIENVENUE À SAINT-MALO !

1  Écoute le reportage de Félix et montre dans l'ordre.

2 Observe. Sur quelle image vois-tu :

– un restaurant où l'on mange des crêpes ?
– le port de Saint-Malo ?
– une course de planches à voile ?

– un aquarium ?
– un bateau de pirates ?
– les remparts autour de la ville ?

3   Montre la ville de Saint-Malo sur la carte de la page 76.

UNITÉ 1 ~ Ohé... Les pirates arrivent !

4   Où est caché le trésor de Marco le courageux ? Écoute et suis le chemin. Où arrives-tu ?

Pour t'aider !

 continuer tout droit
 tourner à droite
 tourner à gauche
 traverser le pont
 sur l'arbre
 en haut de l'arbre
 au pied de l'arbre
 au centre de l'île

5 Le sais-tu ?

a.  Lis, puis écoute.

Les pirates

Sur les mers, les pirates attaquent les bateaux. Ils volent les armes, l'or, les bijoux et les marchandises. Ils cachent leur trésor sur une île déserte. Aujourd'hui encore, il y a des pirates sur certaines mers.

Les corsaires

Du 15ème au 19ème siècle, les corsaires travaillent pour le roi. Pendant les guerres, ils attaquent les bateaux ennemis. Ils n'ont pas de trésor caché.

Surcouf est un corsaire très célèbre. Il est né à Saint-Malo au 18ème siècle. On peut monter sur son bateau dans le port de Saint-Malo et voir sa maison dans la vieille ville.

b.   **Ils sont pirates ou corsaires ? Lis et dis.**

1. Ils travaillent pour le roi.
2. Ils cachent leur trésor sur une île déserte.
3. Ils attaquent les bateaux ennemis.
4. Il est né à Saint-Malo au 18ème siècle.

LEÇON 2 — À L'ABORDAGE !

1  Écoute chaque pirate et montre le bon portrait.

2   Quel est le caractère de chacun ? Associe chaque bulle au bon portrait.

a. Je suis Théo le gentil. Je suis un cuisinier timide et je n'aime pas les bagarres.

b. Mes ennemis ont peur de moi ! Je suis méchante, très méchante !

c. J'adore faire la sieste. Je n'aime pas travailler. Je suis Robert le paresseux.

d. Je m'appelle Albert. Je suis très peureux. J'ai peur des araignées et des requins.

e. Moi, c'est Jack le cruel ! J'ai une barbe noire et une jambe de bois. Je suis la terreur des mers du Sud !

f. Je suis Marco le courageux. Je n'ai peur de rien ! Mon trésor est caché sur l'île de la Tortue.

Pour parler du caractère

méchant	méchante
gentil	gentille
cruel	cruelle
courageux	courageuse
peureux	peureuse
paresseux	paresseuse
timide	timide

UNITÉ 1 Ohé... Les pirates arrivent !

3    Un bateau pirate ! Observe le bateau, écoute et associe chaque phrase au bon numéro.

a. Sur le pont, deux pirates lavent le bateau.
b. Dans la cuisine, un pirate prépare le repas.
c. C'est la réserve de nourriture. Il y a des animaux, du jambon, des fruits et des légumes.
d. C'est la réserve d'eau et de rhum.
e. C'est la réserve d'armes et de poudre à canons.
f. C'est la réserve de voiles.
g. C'est le dortoir avec des lits et des hamacs pour les pirates.
h. C'est la cabine du capitaine. On voit son lit et le coffre au trésor.

4   Dans quelle partie du bateau vois-tu les objets suivants ? Observe et dis.

①  ②  ③  ④  ⑤  ⑥

5  Comment prononces-tu ces groupes de mots ? Dis, puis écoute pour vérifier.

① Les ennemis
Les araignées
Mes oreilles
Des arbres
Les océans
Très intéressant

② Les pirates
Les rats
Mes cheveux
Des hamacs
Les mers
Très méchant

La boite à sons de Pic Pic le hérisson

LEÇON 3 — QUAND JE SERAI GRAND, JE SERAI PIRATE !

1  Quand Tilou sera grand… Écoute et montre.

2  Raconte : qu'est-ce que Tilou fera quand il sera grand ?

3   L'interview de Félix. Écoute et montre le bon dessin.

Tu feras quel métier quand tu seras grand ?

4  Associe chaque métier au bon dessin. Attention, il y a un intrus !

une chanteuse - un footballeur - un Père Noël - un boulanger -
un vétérinaire - un pilote - un pompier - un journaliste - un professeur

UNITÉ 1 Ohé... Les pirates arrivent !

5 Le futur simple. Écoute, observe et réfléchis.

J'adore les chats et les chiens. Quand je **serai** grande, je **serai** vétérinaire en ville. Je **soignerai** aussi les poissons, les oiseaux et les tortues.

Je **travaillerai** dans un zoo comme vétérinaire. Je **soignerai** les éléphants, les girafes et les crocodiles.

Plus tard, je **serai** vétérinaire à la campagne. Je **soignerai** les animaux dans les fermes. J'**aurai** un cheval et j'**habiterai** dans une grande maison.

6 Et toi, qu'est-ce que tu feras quand tu seras grand(e) ?

1. Tu feras quel métier ?
2. Tu habiteras en ville ou à la campagne ?
3. Tu auras des animaux ?

Pour t'aider !

Habiter	Travailler
J'habite**rai**	Je travaille**rai**
Tu habite**ras**	Tu travaille**ras**
Il/elle/on habite**ra**	Il/elle/on travaille**ra**

Être → Je ser**ai** - Avoir → J'aur**ai**
Faire → Je fer**ai**

La boîte à outils de Pirouette la chouette

7 Chante avec Tilou !

Refrain
Moi quand je serai grand,
J'porterai pas de cravate
Moi quand je serai grand
Je serai pirate !

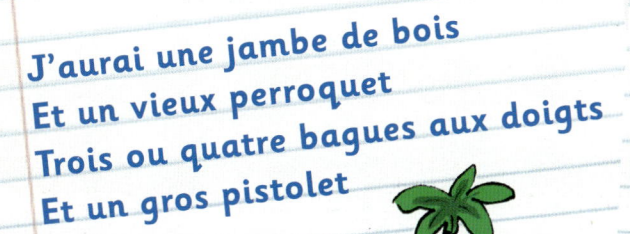

J'aurai une jambe de bois
Et un vieux perroquet
Trois ou quatre bagues aux doigts
Et un gros pistolet

Refrain

J'aurai un anneau d'or
Pendu à mon oreille
Je cacherai mon trésor
Sur une île au soleil

Refrain

Je voguerai sur les mers
J'parlerai aux étoiles
Je serai libre et fier
Sur mon bateau à voiles

Refrain

1 Lis et écoute. **2** Écoute et montre.

Projet

PRÉPAREZ VOTRE EXPÉDITION PIRATE !

Seras-tu assez courageux pour partir à l'aventure avec tes compagnons pirates ? Attention, prépare bien ton expédition ! La route sera longue !

1. EN GROUPES, PRÉPAREZ VOTRE EXPÉDITION.

Mission 1. Écrivez la fiche d'identité de chaque membre de l'équipage. N'oubliez pas sa photo !
- Quel est son nom ?
- Quel est son caractère ?
- Qui sera le capitaine ?

Mission 2. Écrivez la liste des objets que vous emporterez sur votre bateau.

Mission 3. Rangez vos objets dans chaque pièce du bateau.

Mission 4. Imaginez et écrivez ce que vous ferez pendant vos journées à bord.
- Qu'est-ce que le capitaine fera ?
- Qu'est-ce que les matelots feront ?

Mission 5. Dessinez la carte de votre île au trésor. Donnez-lui un nom. Écrivez un petit texte pour la décrire.
- Où sera située votre île au trésor ? Dans quel hémisphère ?
- Est-ce qu'il y aura des volcans, des cascades… ?

Mission 6. Cachez votre trésor !
- Écrivez un petit texte pour guider vos camarades vers votre trésor !

2. PRÉSENTEZ VOTRE PROJET D'EXPÉDITION AUX CAMARADES PIRATES DE VOTRE CLASSE. TROUVERONT-ILS VOTRE TRÉSOR ?

Le blog de Félix

Salut ! Tu aimes lire ? Nos amis du Club Zigzag nous envoient trois livres super intéressants. Ils parlent de corsaires et de pirates !

Les livres du Club Zigzag

a Comment devient-on pirate ? Pourquoi le drapeau pirate est-il noir avec une tête de mort ? Que mangent les pirates quand ils traversent les mers ? Comment attaquent-ils les bateaux ? Où cachent-ils leur trésor ? Que font-ils de leur trésor ?
Si tu ouvres ce petit livre documentaire et embarques à bord du bateau pirate, tu découvriras plein d'informations sur la vie des pirates en mer. Alors... à l'abordage ?

Envoyé par Lisa

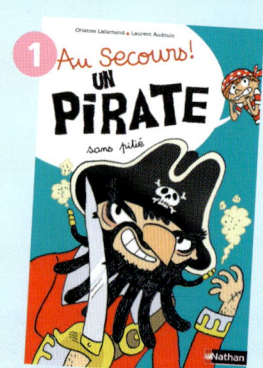

b Dans l'histoire *Pirates en Somalie*, beaucoup de dangers attendent Nicolas et sa famille : des tempêtes, des pirates, des requins mangeurs d'hommes.
Et dans *Catastrophe en Guadeloupe*, le jeune héros rêve de nager dans les eaux bleues de la mer des Caraïbes, mais il vivra une aventure explosive au sommet d'un volcan !

Envoyé par Wali

c Si tu n'as pas froid aux yeux, joue avec les animations de ce livre et aide Gaël, le héros du livre, à voler le trésor des pirates : tu monteras en secret à bord du bateau, tu trouveras la chambre du capitaine et tu voleras la carte pour trouver son île au trésor.
Fais bien attention au sabre du capitaine Barbe-Noire, il est très dangereux !

Envoyé par Saskia

1  Avec ton voisin ou ta voisine, lis chaque résumé, puis trouve le titre du livre correspondant.

2  Et toi, est-ce que tu aimes lire ? As-tu un livre préféré ? De quoi parle-t-il ? Envoie un petit texte pour le blog de Félix !

Pour t'aider
- **plein d'informations** : beaucoup d'informations
- **le héros du livre** : le personnage principal du livre
- **voler** : prendre quelque chose qui n'est pas à toi

La vidéo de Félix

1  Regarde la vidéo de Félix et associe chaque bulle à la bonne photo.

1. Juliette

a. Je suis très méchant et j'aime beaucoup la bagarre. Quand je serai grand, j'aurai un bateau et personne ne trouvera mon trésor !

2. Jules

b. On me reconnaît à ma barbe blanche. J'ai des armes et de la poudre à canon. Je trouve tous les trésors cachés !

3. Hugo

c. Je ferai le tour du monde sur un bateau et cacherai mon trésor sur une île déserte. Je suis une pirate très cruelle. On me reconnaît à mes longs cheveux roux !

2 Comment s'appelleront les bateaux de Lili la Rousse et d'Igor le Borgne ?

Le perroquet bleu

La terreur des mers

La princesse des mers

Le dragon

3 Où sont cachés les trésors…

a. de Lili la Rousse ?   b. d'Igor le Borgne ?

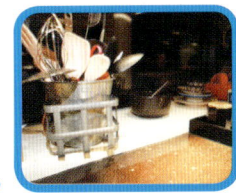
1.

2.

3.

4.

17

LEÇON 1 — UNE VISITE CHEZ LE ROI

1   Visite le château de Chambord avec Félix et ses amis ! Écoute l'audioguide et montre la bonne photo.

Félix, tu es où ?

Le roi a dormi ici !

Salut François !

Quand je serai grand, je serai roi...

Magnifique, ce parc !

2 Montre le château de Chambord sur la carte, page 76.

18

UNITÉ 2 ~ La vie de château !

3 Le château de Chambord en quelques chiffres...

a.   Écoute et montre le bon nombre.

a. 365   b. **1519**   c. 75   d. 426   e. 1800

b.   Avec ton voisin ou ta voisine, associe chaque nombre de l'activité a. à la bonne information.

1. C'est le nombre d'escaliers dans le château.
2. C'est le nombre de cheminées sur le toit.
3. C'est le nombre de pièces dans le château.
4. C'est le début de la construction du château.
5. C'est le nombre d'architectes et d'ouvriers.

Pour t'aider

19 : dix-neuf
100 : cent
500 : cinq cents
1 000 : mille

....

1 500 : mille cinq cents
1 519 : mille cinq cent dix-neuf

4 Connais-tu ces bâtiments ? Place-les avec tes camarades sur la ligne du temps, puis écoute pour vérifier.

 Hum, pas facile !

n°		n°	n°	n°	n°	n° .....
- 440	année 0	1400	1519	1631	1887	2010

19

LEÇON 2 — À TABLE !

1 Au restaurant du château. Écoute et associe chaque photo à la carte.

RESTAURANT DU CHÂTEAU

Entrées
- Salade niçoise — 6,50 €
- Soupe de poisson — 5,50 €
- Quiche lorraine — 6,50 €

Plats
- Steack aux petits pois — 11 €
- Poulet frites — 10 €
- Spaghettis aux fruits de mer — 12 €

Desserts
- Tarte aux cerises — 5,50 €
- Gâteau aux noix — 5 €
- Glace aux trois parfums — 5 €

2  Écoute encore et dis.

a. Qu'est-ce que Bouba, Lila et Félix vont manger ?
b. Qu'est-ce qu'ils vont boire ?

3  Joue avec ton voisin ou ta voisine !
Tu es le serveur (ou la serveuse). Il/elle est le client (ou la cliente).

Bonjour mademoiselle, qu'est-ce que vous désirez ?

Je voudrais du poulet ratatouille s'il vous plaît !

Vous prendrez un dessert ?

Comme dessert... je prendrai de la tarte aux fraises.

Et comme boisson ?

Du jus de pomme.

20

UNITÉ **2** La vie de château !

4 À la table du roi !

a.  Lis et écoute le texte.

À la table du roi

Au 16ᵉ siècle, chez le roi François 1ᵉʳ, on mange dans des **assiettes** et on boit dans des **verres**.

On utilise une grande **fourchette** à deux dents ou un grand **couteau** pour prendre la **viande** dans les **plats**, mais on mange avec ses doigts.

Les invités n'ont pas de **serviette**. Ils s'essuient les mains sur la **nappe**… ou sur leurs vêtements !

Pendant le repas, des musiciens jouent du luth et de la flûte.

b.  Trouve dans le texte les mots correspondants aux dessins suivants.

① ② ③

④ ⑤ ⑥

c.  Vrai ou Faux ?

1. Chaque invité a une assiette, une fourchette et un couteau.
2. On boit dans un verre.
3. On n'a pas de serviette, on s'essuie les mains sur la nappe.
4. On écoute de la musique pendant le repas.
5. Les musiciens jouent des maracas et de la batterie.

5 Qu'est-ce que tu mets dans la maison du [wa] de 👑 ? Écoute et dis.

La boîte à sons de Pic Pic le hérisson

LEÇON 3 — EST-CE QUE TU AS BIEN DORMI ?

1  Lila raconte son rêve à ses amis. Écoute et montre.

2  Remets les phrases dans l'ordre et raconte le rêve de Lila.

1. Lila et le roi **ont traversé** la forêt au galop.
2. Lila **a dîné** avec le roi et la reine.
3. Lila **a rencontré** le roi dans la forêt. Le roi a invité Lila au château.
4. Le réveil de Lila **a sonné** à huit heures moins le quart.
5. Lila **a dansé** avec le roi.

3  De quoi est-ce que Félix a rêvé ?
Remets les images dans l'ordre, puis écoute pour vérifier.

a.　　　b.　　　c.　　　d.　　　e.　　　f.

UNITÉ **2** La vie de château !

4  Le passé composé. Observe et réfléchis : Comment fait-on en français pour raconter quelque chose au passé ?

 Qu'est-ce que vous **avez fait** les filles ?

 Hier après-midi, j'**ai écouté** de la musique avec mes copines et nous **avons dansé**.

Hier soir, j'**ai fait** des crêpes avec ma sœur. Après, j'**ai regardé** un film à la télé.

5  Et toi, qu'est-ce que tu as fait hier ?

– Est-ce que tu as joué avec tes copains et tes copines ?
– Est-ce que tu as joué à un jeu vidéo ?
– Est-ce que tu as fait du roller ? Du vélo ?
– Qu'est-ce que tu as fait à l'école ?

6   Qu'est-ce que tu entends ? Écoute et dis.

	Présent	Passé composé
1.	Je chante	J'ai chanté
2.	Je dessine	J'ai dessiné
3.	Je joue	J'ai joué
4.	Je demande	J'ai demandé
5.	Je parle	J'ai parlé

Le passé composé

Danser
J'**ai** dans**é**
Tu **as** dans**é**
Il/elle/on **a** dans**é**
Nous **avons** dans**é**
Vous **avez** dans**é**
Ils **ont** dans**é**

Dormir
J'**ai** dorm**i**

Faire
J'**ai** fai**t** mes devoirs.

Mettre
J'**ai** mi**s** mon manteau.

La boîte à outils de Pirouette la chouette

7  Chante avec Tilou !

Le bon roi Dagobert

Le bon roi Dagobert
A mis ses chaussettes à l'envers
Son fidèle Éloi
Lui dit : Oh mon roi,
Votre majesté
Est mal habillée
C'est vrai lui dit le roi
Je vais mettre mes chaussettes à l'endroit !

Le bon roi Dagobert
A mis son manteau à l'envers
…
Le bon roi Dagobert
A mis ses lunettes à l'envers
…

1 **Lis et écoute.**   2 **Donne le bon numéro.**

Projet

BIENVENUE AU CHÂTEAU

Vous voici transportés dans le passé...
Nous sommes en 1540.
Vous vivez dans un immense château.
Des voyageurs vont venir vous rendre visite.
Vous préparez leur arrivée...

1.  EN GROUPE, PRÉPAREZ L'ARRIVÉE DE VOS VISITEURS.

1. Préparez la visite guidée de votre château.
- Dessinez le château.
- Écrivez un petit texte pour le décrire.

2. Présentez les habitants de votre château.
- Dessinez leur portrait.
- Écrivez leur fiche d'identité.

3. Préparez et écrivez l'emploi du temps de la journée.
Que feront vos visiteurs : • le matin ? • l'après-midi ? • le soir ?

4. Vous préparez un repas de bienvenue pour vos visiteurs. Écrivez la carte.
Qu'est-ce qu'il y aura au menu ?

2. PRÉSENTEZ VOTRE PROJET À LA CLASSE.
VOS CAMARADES VOTERONT POUR LE PROJET LE PLUS INTÉRESSANT !

Bienvenue au château de Montrésor, chez le prince Dagobert !

Vous avez fait bon voyage ?

Après le déjeuner, nous visiterons le parc à cheval !

25

Je découvre avec Félix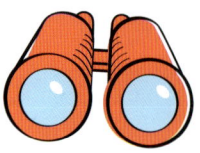

1  **Connais-tu Arcimboldo ?**

 Le peintre Giuseppe Arcimboldo est né en 1527 en Italie. Il est mort en 1593.
Ses tableaux sont très connus encore aujourd'hui, surtout la série de portraits « *Les quatre saisons* ». Arcimboldo a peint chaque visage avec des éléments de la nature : des fleurs, des fruits, des légumes, des champignons…
Ces portraits sont exposés au Musée du Louvre à Paris.

2   **Observe les quatre tableaux.**

a. Associe chaque tableau à son titre. Justifie ton choix.

- Le printemps
- L'été
- L'automne
- L'hiver

b. Quel tableau est-ce que tu préfères ? Pourquoi ?

Je préfère le tableau n° 4. Arcimboldo a peint un champignon à la place de l'oreille ! Je trouve que c'est une bonne idée !

Moi, je préfère le tableau n° 1 parce qu'il fait un peu peur !

3 **À toi de jouer !** Fais comme Arcimboldo : réalise le « portrait » d'une saison avec des éléments de la nature. Tu peux dessiner, peindre ou faire des collages.

La vidéo de Félix

1  À ton avis, où sont Juliette, Hugo et leur papa ? Justifie ta réponse.

a. À la maison ?   **b.** Au restaurant ?   **c.** Chez des amis ?

1.

2.

3.

2  Regarde la vidéo de Félix. Qui commande quoi ?

a.

b.

c.

d.

e.

f.

g.

h.

3  C'est vraiment un « drôle de restaurant » ! Explique pourquoi.

27

2 Avec ton voisin ou ta voisine, observe les dessins et nomme les 8 différences.

3 Mini-Sudoku des pirates !

a. **Complète la grille avec ton voisin ou ta voisine.** (N'oublie pas de parler en français !)

Chaque ligne, chaque colonne et chaque carré doivent contenir une seule fois les 4 dessins !

b. Comparez votre résultat avec le résultat de toute la classe.

LEÇON 1 — EN DIRECT DU PARC ZOOLOGIQUE

1 Ici, *Radio Zigzag* !

a.  Écoute la première partie de l'interview. Qui est l'invitée du jour ?

b. Écoute la deuxième partie de l'interview et montre les différents animaux.

30

UNITÉ 3 ~ Radio *Planète Zigzag*

2   Lis et associe chaque fiche au bon animal. Écoute pour vérifier.

1
- Je pèse entre 4 et 7 kilos.
- Je mesure entre 1 et 3 mètres (largeur de mes ailes ouvertes).
- Je suis carnivore : je mange des poissons.
- Je vis au bord des lacs, des rivières et des océans.
- Je suis un oiseau.

Je suis un(e) … ?

2
- Je pèse entre 100 et 300 kilos.
- Je mesure entre 1,50 et 2,80 mètres.
- Ma fourrure est rayée.
- Je suis carnivore : je mange des antilopes et des buffles.
- Je vis dans les forêts et les savanes de l'Inde et de l'Asie du Sud.
- Je suis un mammifère.

Je suis un(e) … ?

3
- Je pèse environ 15 kilos.
- Je mesure environ 50 cm.
- Je suis végétarienne : je mange des fleurs, des fruits, de l'herbe et des feuilles.
- Ma carapace a des rayons, comme une étoile.
- Je vis dans le sud de Madagascar, là où il y a du sable.
- Je suis un reptile.

Je suis un(e) … ?

a.  le tigre

b.  la tortue étoilée

c.  le pélican

3 Les Français et les animaux domestiques.

a.  Lis *dans ta tête* et écoute.

59 millions d'amis
- 59 millions d'animaux partagent la vie des familles françaises : 31 millions de poissons, 11 millions de chats, 8 millions de chiens, 6 millions d'oiseaux et 3 millions de rongeurs (hamsters, lapins, souris).
- La moitié des familles françaises possède un animal domestique.

b.  Combien les français ont-ils de chiens ? De chats ? De poissons ? D'oiseaux ? De rongeurs ?

LEÇON 2 — SOS... ANIMAUX EN DANGER !

1    **Observe la couverture de ce livre documentaire.**

a. Nomme et montre les animaux.
b. À ton avis, qu'est-ce que (presque) tous ces animaux ont en commun ?
c. Connais-tu d'autres *espèces menacées* ?
d. À ton avis, pourquoi sont-elles menacées ?

> **Pour nommer les animaux**
>
> l'ara   le panda
> le dauphin   le tigre
> l'éléphant   la tortue
> le pingouin

2   **Des animaux menacés de disparition. Écoute *Radio Zigzag* et associe.**

 1. Les tortues de mer sont en danger • • **parce qu'**on utilise trop de pesticides dans les jardins et dans les champs.

 2. Le nombre d'ours blancs diminue • • **parce qu'**on coupe beaucoup d'arbres dans la forêt amazonienne.

 3. Beaucoup d'aras disparaissent • • **parce qu'**il y a trop de pollution et de sacs en plastique dans les océans.

 4. Les abeilles sont en danger • • **parce que** le climat se réchauffe et parce que la banquise fond.

UNITÉ **3** Radio *Planète Zigzag*

3  Lis ces deux articles.

a. **Explique pourquoi les pandas et les éléphants sont en danger.**
Trouve dans chaque texte les phrases qui te donnent les informations.

LE GRAND PANDA EST EN DANGER !

Il reste environ 1000 pandas dans la nature en Chine.
Les grands pandas mangent environ 20 kilos de bambou par jour.
Aujourd'hui, ils ne trouvent plus assez de nourriture parce qu'on coupe les forêts de bambou pour cultiver des champs et construire des routes.

Les pandas sont en danger. Jusqu'à quand vont-ils survivre ?

SOS ÉLÉPHANTS MENACÉS !

Pendant des siècles, les hommes ont chassé les éléphants pour le commerce de l'ivoire[1].
Depuis 1990, ce commerce est interdit dans presque tous les pays. Les éléphants sont maintenant une espèce protégée. Leur chasse est interdite.
Malheureusement, des braconniers[2] continuent à chasser et à tuer les éléphants.
Ils vendent ensuite leurs défenses à prix d'or.

1. Les défenses des éléphants sont en ivoire.
2. Les braconniers sont des chasseurs clandestins.

b. **Avec ton voisin ou ta voisine, lis encore, puis réponds par vrai ou faux.**

1. Les pandas sont végétariens. Ils mangent des feuilles de bambou.
2. Tous les pandas vivent dans les zoos.
3. Il est interdit de chasser les éléphants. C'est une espèce protégée.
4. Les braconniers chassent les éléphants et vendent ensuite leurs oreilles à prix d'or.

4 🎧 37 **Quel même son entends-tu dans chaque mot ? Écoute et dis.**

① ② ③ ④ ⑤ ⑥ ⑦

5 🎧 38 **Écoute et répète de plus en plus vite !**

Sss...Sss... siffle le serpent, le serpent qui danse, danse et se balance... ... souvent
Sss...Sss... siffle le serpent, le serpent qui danse, danse et se balance... longtemps

La boîte à sons de Pic Pic le hérisson

LEÇON 3 — PROTÉGEZ LES ANIMAUX !

1  Observe le dessin. Qu'est-ce que tu vois ?

2 🎧39 Tous à la manif ! 🎧40 Écoute, puis répète.

3 De bons conseils pour protéger la nature et les animaux.

a. À ton avis, quels sont les bons conseils ?

1. Achetez des manteaux de fourrure ! Vous aurez chaud en hiver.
2. Prenez un panier pour faire les courses. N'utilisez pas de sac en plastique.
3. Prenez un ara comme animal domestique ! Ses plumes sont très belles !
4. Utilisez des pesticides dans vos jardins !
5. Ne portez pas de bijoux en ivoire !
6. Respectez les plantes et les forêts !
7. Parlez des espèces en danger à vos parents et à vos copains !

b. 🎧41 Écoute *Radio Zigzag* pour vérifier.

34

UNITÉ **3** Radio *Planète Zigzag*

4   Le règlement du parc zoologique.

a. **Lis le panneau d'information. Associe chaque phrase au bon pictogramme.**

RESPECTEZ LA NATURE ET LES ANIMAUX !

Faites…

a. **Lisez** les informations sur les animaux.
b. **Respectez** la tranquillité des animaux.
c. **Promenez** vos chiens en laisse.
d. **Mettez** vos chewing-gums et vos déchets dans les poubelles.

Ne faites pas…

e. Ne **donnez** pas de nourriture aux animaux.
f. Ne **criez** pas.
g. N'**entrez** pas dans les enclos.
h. Ne **cueillez** pas de fleurs.

① ② ③ ④ ⑤ ⑥ ⑦ ⑧

b.  Observe. Comment peut-on faire en français pour
- Donner une instruction ou un conseil ?
- Exprimer une interdiction ?

La boîte à outils de Pirouette la chouette

5  À toi ! Que signifie ces pictogrammes ? Dis, puis écoute pour vérifier.

① ② ③ ④ ⑤ ⑥ ⑦ ⑧

Ne **faites** pas de photos !

6   Chante avec Tilou !

La baleine bleue

La baleine bleue cherche de l'eau
Pour déboucher tous ses tuyaux
La baleine bleue cherche de l'eau
Pour déboucher tous ses tuyaux

Eau, eau, eau H2O ! (x2)

Elle a trouvé beaucoup de choses (x2)
Beaucoup de choses (x2)
Mais pas de l'eau (x2)
Eau H2O…

Steve Waring

35

Projet

PETIT ABÉCÉDAIRE DES ANIMAUX MENACÉS

Partout dans le monde, des animaux disparaissent. Avec ta classe, fais un abécédaire des animaux menacés. Vous expliquerez pourquoi les animaux sont en danger et comment on peut les protéger.

ANIMAUX EN DANGER

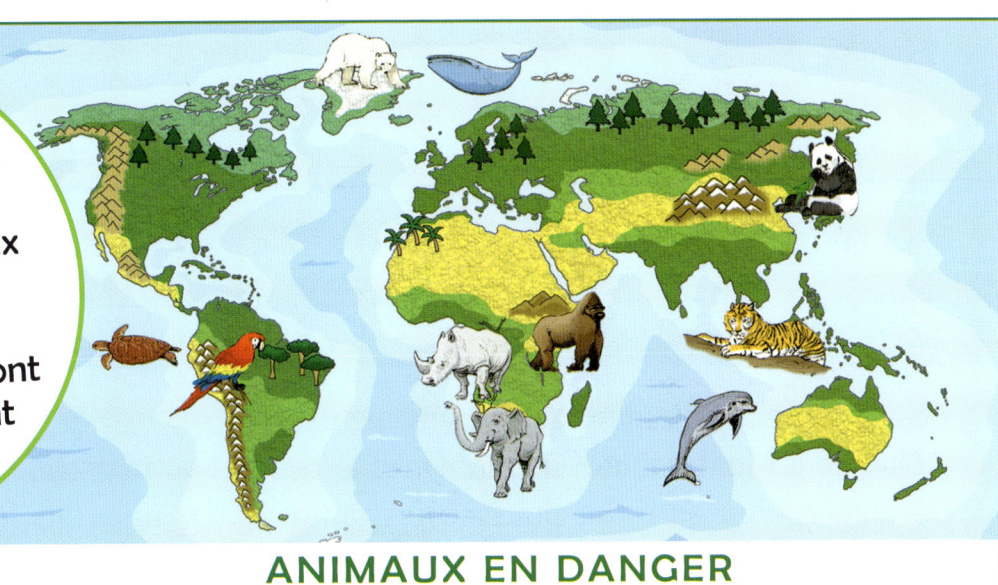

1. REMUE-MÉNINGES !
– Faites une liste des animaux en danger.
– Par groupes, choisissez les animaux que vous voulez présenter sur votre abécédaire.

2. PRÉPAREZ VOS POSTERS (un poster par animal)

a. la lettre initiale et le nom de l'animal :
– En haut du poster, écrivez à gauche la première lettre du nom de l'animal, à droite le nom de l'animal.

b. le texte :
– Complétez la fiche d'identité de l'animal.
– Expliquez pourquoi l'animal est menacé.
– Donnez quelques conseils pour protéger cet animal.

c. les illustrations :
– Faites un dessin ou collez une photo de l'animal en haut du poster.
– Collez un planisphère en bas du poster. Coloriez la partie du monde où l'animal vit.

3. EXPOSEZ VOS POSTERS. PRÉSENTEZ-LES AUX CAMARADES DE VOTRE CLASSE ET DE VOTRE ÉCOLE !

Votre classe a un blog ? Réalisez un abécédaire numérique et mettez votre abécédaire sur le blog de la classe !

37

Le blog de Félix

Salut les amis ! Vous allez bien ? Voici les messages de Mounia et de Charlie. Leur école participe au programme « *J'agis pour ma planète* ».

| Mes amis |  Mes voyages |  Mes jeux |  Mes recettes |  Mes dessins |

Mes amis

Coucou Félix ! J'espère que tu vas bien !
J'habite à Montréal au Canada. Dans la cour de notre école, on a créé un potager écologique où on a fait pousser des tomates, des poivrons, des aubergines, des salades et de la menthe, sans pesticides bien sûr ! On a aussi semé des fleurs sauvages et planté des petits arbres. Nous avons même installé un hôtel pour les insectes. C'est comme à la campagne, avec des oiseaux, des abeilles et plein de petites bêtes.

Mounia

J'habite à Besançon en France. En novembre dernier, mon école a commencé l'opération « Je vais à l'école en pedibus ». Notre pedibus fonctionne presque comme un vrai bus avec des horaires, des lignes et des arrêts. On marche à pied à côté des parents et en même temps on apprend le code de la route sur le chemin. On arrive toujours en forme et bien réveillés à l'école. Les voitures restent au garage et ne polluent pas. Toute ma classe adore le pédibus !

Charlie

1 Avec ton voisin ou ta voisine, associe chaque photo au bon message.

2 Est-ce que tu participes avec tes camarades au programme « J'agis pour ma planète » ? Quelles actions proposez-vous ?

38

La vidéo de Félix

1 Regarde le début de la vidéo de Félix. Cette journaliste va interviewer Jules, Juliette et leurs amis. À ton avis, que va-t-elle leur demander ?

2 Lis ces affirmations. Vrai ou Faux ?

La journaliste…
a. n'aime pas se baigner dans l'océan.
b. utilise des pesticides dans son jardin.
c. n'utilise pas de papier recyclé.
d. veut protéger la planète.

3 Retrouve 4 slogans dans le nuage de mots !

Protégez la nature ! PESTICIDES ! Ne jetez pas AUX en danger ! vos les espèces NON RESPECTEZ DÉCHETS ! planète la dans

4 Comme Jules, Juliette et leurs amis, fabrique de beaux panneaux avec de beaux slogans. Organise une manifestation pour la planète dans ton école, dans ta rue ou dans ton quartier !

LEÇON 1
LE CARNET DE VOYAGE DE LILA

1 Observe le carnet de voyage de Lila et dis.

Où sont Lila et ses amis ? En quelle saison ? Que font-ils ?

Bonjour! Salut!

Nous sommes à Québec, au Canada ! Québec est la capitale de la province de Québec.

Langue : le français (dans les autres provinces du Canada, on parle anglais.)

Monnaie : le dollar canadien

C'est le drapeau du Québec.

Nous sommes en février, c'est l'hiver. Brrrr… il fait froid (moins 15 degrés) !

C'est le drapeau du Canada, avec une feuille d'érable rouge au milieu.

Ici, tous les enfants savent patiner… (sauf Pic Pic et Pirouette qui sont souvent sur les fesses !)

Je n'ai jamais vu autant de neige !

Nos nouveaux amis ! Ils habitent au Québec. Leur famille vient des quatre coins du monde !

Vous connaissez ce garçon qui conduit des chiens de traîneau ?

Cette fille qui fait du hockey sur glace, c'est moi !

Trop mignon ce petit caribou !

2 Écoute le dialogue entre Félix et Lila et montre la bonne photo sur le carnet de Lila.

40

UNITÉ 4 ~ Destination Québec !

3 Radio Zigzag au Carnaval d'hiver à Québec !
Écoute le reportage de Félix et montre les différents personnages.

4 Avec ton voisin ou ta voisine, trouve les personnages sur l'image et donne le bon numéro.

Trouve...
- **a.** un garçon avec un anorak rouge **qui** conduit des chiens de traîneau
- **b.** une fille avec un bonnet rose **qui** fait de la sculpture sur glace.
- **c.** une mamie **qui** patine avec sa petite fille.
- **d.** des personnes **qui** achètent un « chien chaud » (hot dog !).
- **e.** des enfants **qui** font des glissades dans la neige.
- **f.** un garçon avec une casquette rouge **qui** fait du hockey sur glace.
- **g.** des personnes **qui** prennent un « bain de neige ».
- **h.** Pic Pic et Tilou **qui** font de la luge.
- **i.** une sorcière **qui** fait du ski.
- **j.** un garçon **qui** fait du vélo.

41

LEÇON 2 — TU SAIS PARLER QUELLES LANGUES ?

1. Quelles langues parlent les nouveaux amis de Félix et Lila ? Écoute les dialogues et associe chaque bulle au bon personnage.

a. Sofia
b. Arthur
c. Tom
d. Juliette

1. J'habite aux États-Unis. Je parle anglais. Je sais un peu parler français parce que j'apprends le français à l'école.

2. Je suis née à Madrid. Je suis espagnole. J'habite au Canada depuis un an. Je parle espagnol, français et anglais.

3. J'habite à Montréal. Mon père est canadien et ma mère est japonaise. Je parle anglais, français et je sais aussi parler japonais !

4. Je suis canadien. Je parle français et anglais. Je parle un peu russe parce que ma grand-mère est russe.

2. Quelles langues est-ce que tu entends ? Écoute et donne le bon numéro.

1. Je parle anglais.
2. Je parle russe.
3. Je parle mandarin (chinois).
4. Je parle français.
5. Je parle arabe.
6. Je parle portugais.
7. Je parle fang. C'est une langue africaine.

3. Observe la carte à la fin de ton livre et montre des régions du monde où l'on parle ces différentes langues.

UNITÉ **4** Destination Québec !

4 Chante avec Tilou !

a. Cache le texte et écoute la chanson. Avec ton voisin ou ta voisine, propose un titre.

J'ai des baskets, ça c'est un mot en anglais
J'ai des baskets pour faire mes p'tits trajets
Un anorak, mot qui vient des esquimaux
Un anorak pour quand il fait pas beau

Moi j'sais parler toutes les langues, toutes les langues
Moi j'sais parler les langues du monde entier
J'en savais rien, mais maintenant que tu le dis
C'est enfantin, ça va changer ma vie.

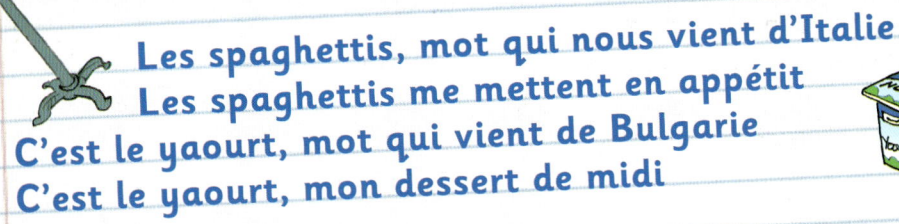

Les spaghettis, mot qui nous vient d'Italie
Les spaghettis me mettent en appétit
C'est le yaourt, mot qui vient de Bulgarie
C'est le yaourt, mon dessert de midi

J'achète au kiosque, mot qui nous vient de Turquie
J'achète au kiosque mes journaux favoris
Sans un kopeck, mot qui nous vient de Russie
Sans un kopeck, j'peux pas faire de folies

C'est sur un yacht, mot qui vient du hollandais
C'est sur un yacht, que j'passe le mois d'juillet
Grâce au judo, mot qui nous vient du Japon
Grâce au judo, je n'suis plus un poltron.

Par cette chanson, mot qui nous vient du français
Par cette chanson, j'peux dire désormais
J'suis polyglotte, mot qui vient du grec ancien
J'suis polyglotte et j'épate les copains.

Henri Dès

b. Écoute encore. Retrouve dans la chanson des mots qui ne viennent pas du français.

c. Chante la chanson avec tes camarades !

43

LEÇON 3 — ATTENTION, ÇA GLISSE !

1 🎧 6 Écoute l'histoire et remets les vignettes dans l'ordre.

44

UNITÉ 4 **Destination Québec !**

2 Une histoire-puzzle !

a. Avec ton voisin ou ta voisine, remets les images dans l'ordre et raconte l'histoire de Bouba.

1. Elles **ont couru** jusqu'à l'arrêt de bus pour se réchauffer.
2. Le bus **est arrivé** !
3. et elle **est tombée** !
4. Alors Lila **a dit** : « C'est vrai, il faut faire attention, ça glisse ! » Assis dans la neige, Bouba et le chauffeur **ont** bien **ri** !
5. Puis il **est descendu** de son bus pour aider Bouba,
6. Tout à coup, Bouba **a glissé** sur la neige gelée
7. Le chauffeur du bus **a demandé** : « Ça va Madame, rien de cassé ? » et il **a ajouté** : « Il faut faire attention, ça glisse ! »
8. mais, à son tour, il **a glissé** et… il **est tombé** !
9. Ce matin, Lila et Bouba **sont parties** très tôt pour la patinoire.

> Pour former **le passé composé**, on utilise parfois **être** au présent **+ participe passé**
> je suis allé(e), arrivé(e), entré(e), sorti(e), rentré(e)…

b. Observe les verbes qui racontent l'histoire de Bouba. Reconnais-tu leur temps ? Comment est-ce que ces verbes se forment ?

3 Observe, réfléchis et complète. (Justifie ta proposition !)

- Je suis parti à la patinoire… J'ai glissé sur la neige gelée… et je suis tombé !
- Je suis partie à la patinoire… J'ai glissé sur la neige gelée… Je suis tombée…
- Nous sommes partis à la patinoire. Nous avons glissé sur la neige gelée… et nous sommes tombés !
- ....

La boîte à outils de Pirouette la chouette

4 🎧 7 À la piscine. Raconte ce qui est arrivé, puis écoute.

45

BD

1 🔍 Observe, les vignettes.

2 🎧 Associe chaque bulle à la bonne vignette, puis écoute pour vérifier.

- **a** Je... suis... tombé !
- **b** Ce n'est pas grave, on va la réparer !
- **c** Aïe, mes doigts !
- **d** Non... mais j'ai cassé ma trottinette !
- **e** Et voilà le travail !
- **f** Pourquoi est-ce que tu pleures ? Qu'est-ce qui est arrivé ?
- **g** Je suis le roi de la glisse !
- **h** Tu n'as rien de cassé ?

Projet

PETIT CARNET DE VOYAGE

Vous avez passé des vacances dans un pays réel ou imaginaire. Vous écrivez un carnet de voyage pour raconter votre voyage et présenter le pays où vous êtes allés.

1. EN GROUPES, RÉDIGEZ VOTRE CARNET DE VOYAGE !

(Vous pouvez vous inspirer du carnet de voyages de Lila !)

a. Votre destination
- Imaginez un pays réel ou imaginaire où vous avez passé des vacances.
- Situez le pays sur une carte du monde.
- Trouvez et donnez des informations sur la langue, la monnaie et le temps qu'il fait.
- Collez des photos ou dessins pour présenter les paysages et les monuments. Écrivez des petits textes pour les décrire.

b. Votre séjour / vos vacances
- Collez des photos ou faites des dessins pour présenter ce que vous avez fait, visité ou mangé. Écrivez des petits textes pour expliquer vos activités.

c. Vos nouveaux amis
- Vous avez rencontré de nouveaux amis. Collez leurs photos et présentez-les.
Expliquez où ils habitent, quelles langues ils parlent et quel âge ils ont.

Matériel : Pour votre carnet de voyage, vous avez besoin :
– d'une grande feuille de papier
– d'une fiche « planisphère »
Et aussi :
– de colle, de ciseaux, de crayons de couleurs, de scotch, de magazines à découper

Vous pouvez
– faire des recherches sur internet avec votre professeur
– imprimer des photos et des images trouvées sur internet

2. EXPOSEZ VOS CARNETS DE VOYAGE DANS LA CLASSE.

Présentez-les à vos camarades !

Je découvre avec Félix

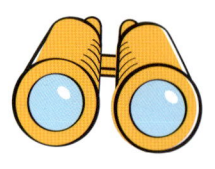

1. Observe le document. C'est...

a. un article sur les écoles dans le monde ?

b. un article sur les personnes (petits et grands) qui parlent français dans le monde ?

CULTURE

C'est quoi, la francophonie ?

Voici une classe au Togo, un pays situé en Afrique de l'Ouest. Au Togo, les enfants qui vont à l'école apprennent à lire et à écrire en français.

Le sais-tu ?

La francophonie, c'est l'ensemble des pays et des régions où l'on parle français. Dans le monde, 57 pays sont francophones. Certains sont proches de la France comme la Belgique ou la Suisse, d'autres sont très loin comme la province du Québec au Canada, le Sénégal ou encore Madagascar. Dans ces pays, les élèves apprennent et parlent le français à l'école.

Je découvre un nouveau mot

Dans le mot « francophone », il y a « franco » (français) et « phone » qui vient du grec et signifie « voix, langage ». Un francophone, c'est donc une personne qui parle le français.

2. Lis le document et trouve les informations suivantes :

a. Un(e) francophone, c'est :
– une personne qui vit en France ?
– une personne qui aime le français ?
– une personne qui parle français ?

b. Combien est-ce qu'il y a de pays francophones dans le monde ?

c. Nomme 7 pays où on parle français.

3. **Le monde francophone.** Observe la carte à la fin de ton livre et trouve d'autres pays francophones.

La vidéo de Félix

1 Parmi ces 4 photos, lesquelles vois-tu sur la vidéo de Félix ?

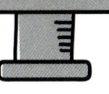

a.   b.   c.   d.

2 Juliette a passé ses vacances...

a. En Finlande ?   b. Au Chili ?   c. Au Canada ?   d. En France ?

3 Juliette a rapporté des cadeaux pour son ami Jules... Trouve les 2 intrus !

a.   b.   c.
d.   e.   f.

4 On utilise le sirop d'érable pour...

a. Accompagner les pancakes ?
b. Lutter contre la toux ?
c. Faire pousser les arbres ?
d. Sucrer et parfumer les salades de fruits ?

49

Les jeux du Club Zigzag

1 Tic Tac Toc !

a. Observe le jeu et lis la règle du jeu.

b. Joue au Tic Tac Toc avec ton voisin ou ta voisine.

GRILLE DE JEU

1	2	3
4	5	6
7	8	9

TIC TAC TOC !

Nombre de joueurs : 2

Matériel
- Une grille de jeu
- 5 pions d'une même couleur par joueur
- 9 cartes-questions

But du jeu
- Former une ligne horizontale, verticale ou diagonale avec 3 pions d'une même couleur.
- Empêcher son voisin de former une ligne.

Règle du jeu
- Le premier joueur choisit une case, lit la question correspondante et répond. Si sa réponse est juste, il pose son pion sur la case. Si sa réponse est fausse, il attend un tour.
- C'est ensuite le tour du second joueur.
- Le premier qui forme une ligne a gagné !

Question n°1

Le drapeau du Québec est :
- rouge et blanc
- bleu et blanc
- bleu, blanc, rouge

Question n°2

Trouve l'intrus :
- l'ours
- le pélican
- l'abeille
- la chasse
- le panda

Question n°3

Mets les lettres dans l'ordre pour trouver le bon mot :

La LLUPOTION

Question n°4

Cite 4 pays francophones.

Question n°5

Mets cette phrase au passé composé :

Elle tombe sur la neige gelée.

Question n°16

Cite 3 mammifères et 3 reptiles.

Question n°7

Vrai ou faux ?
La banquise fond parce que le climat se réchauffe.

Question n°8

Trouve l'intrus :
- la luge
- le chien chaud
- le hockey sur glace
- la sculpture sur glace

Question n°9

Cite 5 animaux menacés de disparition.

c. **Passe à l'action : crée un nouveau jeu de Tic Tac Toc !**
- Par petits groupes de deux ou quatre, fabriquez un nouveau jeu de Tic Tac Toc avec 9 nouvelles cartes-questions.
- Échangez vos cartes-questions avec un autre groupe.
- Jouez au Tic tac Toc avec les questions de cet autre groupe.

3. Bingo Planète Zigzag !

a. **Lis la règle du jeu.**

BINGO PLANÈTE ZIGZAG !

Nombre de joueurs :
à partir de 2

Matériel
- Une grille de jeu
- 4 pions par joueur

But du jeu
- Compléter une ligne de la grille de jeu.

Règle du jeu
- Chaque joueur choisit une ligne horizontale sur la grille, puis écoute.
- Quand il entend un mot correspondant à une des cases de sa ligne, il pose un pion sur la case.
- Le premier qui complète sa ligne crie BINGO ! Il a gagné !

b. **Écoute et joue avec tes camarades.**

NON	OUI	NON	NON
OUI	NON	OUI	NON
OUI	NON	NON	OUI

LEÇON 1

VOUS ÊTES DÉJÀ ALLÉS AU MAROC ?

1 Le reportage de Félix.
Associe chaque photo à la bonne étiquette, puis écoute pour vérifier.

a. les boutiques de la Médina (la vieille ville)

b. la préparation de notre voyage au Maroc

c. les charmeurs de serpents sur la place Jamaa el Fna

d. notre arrivée à l'hôtel

e. Ali Baba, le nouvel ami de Pic Pic et Tilou

f. la traversée de la ville en taxi

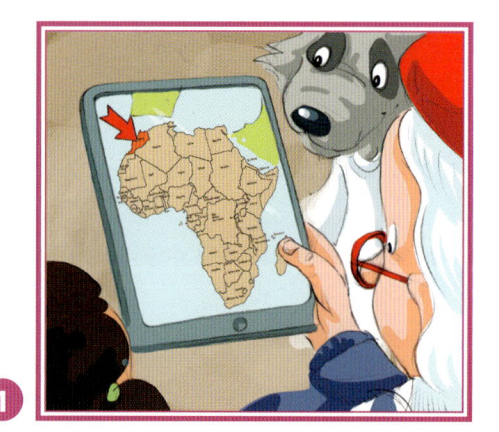

52

UNITÉ 5 ~ Destination Maroc !

2 Vrai ou Faux ? Dis, puis écoute encore le reportage de Félix pour vérifier.

1. Bouba est **déjà** venue plusieurs fois au Maroc, mais jamais à Marrakech.
2. Lila **n'a jamais** appris l'arabe à l'école.
3. Pic Pic **n'a jamais** dormi à l'hôtel.
4. Lila a **déjà** goûté la cuisine marocaine.
5. Tilou a **déjà** porté un serpent autour de son cou.

3 À toi de jouer !

Affirme quelque chose. Ton voisin ou ta voisine devine si c'est vrai ou faux !

Moi, j'ai déjà vu un extra-terrestre !

C'est faux !

4 Chez le marchand de babouches.

a. Observe le dessin et écoute.

… Bon… je fais un prix : ce sera 90 dirhams.

Tu veux essayer des babouches ? Tu fais quelle pointure ?

Je fais du 34.

Bonjour mesdames ! Regardez, mes babouches sont magnifiques !

Elles coûtent combien monsieur ?

C'est d'accord ! On les achète pour 90 dirhams !

Les babouches roses sont super jolies !

Elles coûtent 100 dirhams.

100 dirhams ? C'est un peu cher ! On va réfléchir…

Le dirham : la monnaie marocaine

b. Lis les répliques. Qui dit quoi ?

c. Remets le dialogue dans l'ordre et joue la saynète avec deux camarades.

LEÇON 2 — UNE RANDONNÉE DANS LE DÉSERT

1 Écoute chaque dialogue et montre l'image correspondante.

2 Montre sur les images :
un dromadaire - une gourde - du thé à la menthe - une oasis - un palmier - une dune

3 Lila a écrit une lettre illustrée à ses grands-parents. Lis le texte à haute voix. Puis écoute pour vérifier.

Chère Mamie, cher Papi,

Nous sommes au Maroc depuis une semaine. Nous avons visité [image]. C'est une ville fantastique ! Nous avons acheté des [image] et des épices dans les petites [image] de la Médina et nous avons vu des [image] sur la place Jamaa el Fna. Hier nous sommes partis dans le [image] (le Sahara) ! Qu'est-ce que c'est beau ! Pendant deux jours, nous avons fait une randonnée à [image] dans les [image]. La nuit, nous avons dormi sous une [image]. Il a fait très chaud pendant la journée (45 degrés !), mais la nuit la température est descendue à 12°.

Ce soir, nous allons dormir dans une [image]. Demain matin nous partirons visiter une petite [image] dans le désert.

A très bientôt ! Gros bisous.
  Lila

UNITÉ **5** Destination Maroc !

4 ? ou !... Interrogation ou exclamation ?

a. 🎧 14 Écoute et lève la bonne affichette.

b. 🎧 15 Lis à voix haute, puis écoute pour vérifier.

1. Est-ce que c'est beau ?
2. Qu'est-ce que c'est beau !
3. Est-ce qu'il fait chaud ?
4. Qu'est-ce qu'il fait chaud !
5. Il n'y a plus d'eau dans la gourde ?
6. Il n'y a plus d'eau dans la gourde !
7. Tu n'as pas peur des serpents ?
8. Tu n'as pas peur des serpents !

La boîte à sons de Pic Pic le hérisson

5 🎧 16 🎤 Chante et mime avec Tilou !

J'ai une tante au Maroc qui s'appelle Hip hop
Elle traverse le désert à dromadaire
Houla houla hip hop
Elle boit un verre de lait quand elle a soif
Glou glou houla houla hip hop
Elle croque des fourmis quand elle a faim
Miam miam glou glou houla houla hip hop
Elle met sa minijupe quand elle a chaud
Mini mini miam miam glou glou houla houla hip hop
Elle met son anorak quand elle a froid
Gla gla mini mini miam miam glou glou houla houla hip hop
Elle sort son pistolet quand elle a peur
Pan pan glagla mini mini miam miam Glou glou Houla houla hip hop !!

LEÇON 3 — À LA PETITE ÉCOLE DU DÉSERT

1 Félix et Lila ont visité une petite école dans le désert.

a. Lis et écoute leur reportage.

Dans le désert, nous avons rencontré des familles nomades qui vivent sous des tentes et élèvent des troupeaux de moutons. Leurs enfants vont à la petite école du désert.

Dans la petite école du désert, 20 enfants nomades apprennent à lire, à écrire et à compter. Ils ont entre 5 et 15 ans. Le matin, ils font du français, de l'arabe et des mathématiques. L'après-midi, ils retournent au milieu du désert avec les troupeaux.
L'année scolaire dure 9 mois. Elle commence en septembre et se termine en mai quand il commence à faire très chaud.
« Apprendre à lire, à écrire et à compter est un droit pour tous les enfants du monde, pour tous les garçons et toutes les filles ! » nous a dit Sami, le jeune instituteur. Il rêve d'ouvrir une petite bibliothèque avec des livres pour les enfants et leurs parents. « Ce sera un vrai trésor pour tous ! » a-t-il ajouté.

b. As-tu compris ? Peux-tu trouver dans le texte les informations suivantes ?

1. Quel est l'emploi du temps des élèves ?
2. Combien de moi durent les vacances d'été ?
3. Combien est-ce qu'il y a d'enfants dans l'école ?
4. De quoi rêve l'instituteur ?

2 Observe cette affiche.

- Qu'est-ce que tu vois ?
- Qui est l'auteur de l'affiche ?
- À ton avis, quel est son message ?

ONU : Organisation des Nations Unies créée en 1945 pour garder la paix dans le monde.
UNICEF : partie de l'ONU pour aider les enfants.

UNITÉ 5 Destination Maroc !

3 Observe le document.
À ton avis, dans le texte tu vas trouver des informations sur :
- Les jeux des enfants dans le monde ?
- Le travail des enfants dans le monde ?

Tous les enfants n'ont pas la chance d'aller à l'école !

Des enfants au travail

Dans le monde, plus de 200 millions d'enfants entre 5 et 14 ans travaillent.
Ils sont cireurs de chaussures, vendeurs de bonbons, de fruits ou de cigarettes. Ils travaillent dans les maisons, les champs et les usines. Ils vivent souvent dans des pays pauvres ou en guerre.
Chaque jour ils gagnent quelques centimes pour avoir un peu de pain ou de riz à manger.

Le 12 juin : Journée mondiale contre le travail des enfants

Depuis 2002, le 12 juin est une journée mondiale de lutte contre le travail des enfants. Plus de 50 pays dans le monde participent à cette journée. Si tu as la chance d'aller à l'école, n'oublie pas que tous les enfants du monde (2,2 milliards d'enfants) n'ont pas cette chance. Pourtant, tous ont le droit d'apprendre à lire et à écrire !

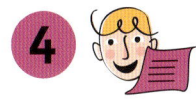

4 Lis le document plus précisément. Associe les chiffres à la bonne information.

1. **Plus de** 200 millions d'enfants
2. **Plus de** 50 pays
3. **Tous les** enfants du monde

a. ont le droit d'apprendre à lire et à écrire.
b. travaillent dans le monde.
c. participent à la Journée mondiale contre le travail des enfants.

5 Informe-toi ! Dans ton pays...
- Est-ce que la Journée mondiale contre le travail des enfants existe ?
- Est-ce que tous les enfants vont à l'école ?

Pour exprimer un nombre, une quantité
- **tous les** enfants : **tous les** garçons, **toutes les** filles
- **plus de** 200 millions d'enfants
- **quelques** centimes
- **un peu de** riz

1 🎧 **Lis la BD et écoute.** **2** 💬 **Raconte.**

BD

1. — Elle est encore loin cette petite école ?
— Je **la** vois ! Là-bas, au pied de la dune, près des palmiers.

2. — Qu'est-ce qu'il est lourd ce paquet ! — Attends… Je **le** porte avec toi.

3. Voici Félix et Lila. Ils ont une surprise pour vous !
Vos correspondants français ont donné un paquet pour vous.

4. Un paquet de nos correspondants ? Vite, on l'ouvre !…

5. — Il y a une lettre. On **la** lit ? — Non, on **la** lira plus tard.

6. Des livres et des BD, super ! On **les** mettra dans notre bibliothèque ! Ils ont fait un grand poster avec des textes et des photos… On **le** colle sur le tableau ?

7. Des stylos, des feutres, des cahiers et… des bonbons rigolos ! Des bonbons ?! On **les** mange tout de suite !

8. On fait une photo ? On **la** montrera à vos correspondants. Ils n'ont jamais vu votre école.

9. Attention, souriez, 1…, 2…, 3 ! Ouistitiiiii !

Projet

DES CORRESPONDANTS FRANCOPHONES DANS LE MONDE ENTIER !

Tu veux avoir des amis dans le monde entier et découvrir d'autres cultures ? Avec ta classe, corresponds avec des enfants qui apprennent ou parlent le français dans d'autres pays ! Réalise un diaporama ou un poster pour présenter ta classe et ton école.

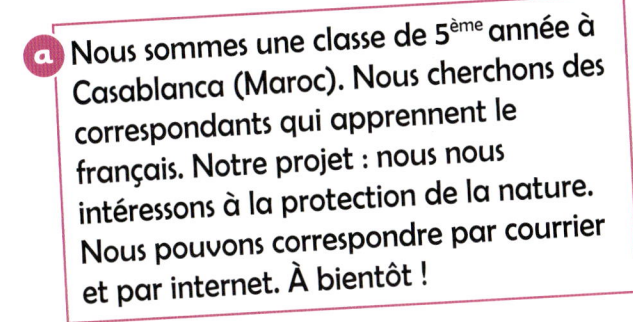

a Nous sommes une classe de 5ème année à Casablanca (Maroc). Nous cherchons des correspondants qui apprennent le français. Notre projet : nous nous intéressons à la protection de la nature. Nous pouvons correspondre par courrier et par internet. À bientôt !

b Nous sommes une classe de CM2 (de 10 à 11 ans) et cherchons des correspondants dans un pays lointain. Nous habitons à Besançon, dans l'est de la France. Notre projet : connaître les jeux et les activités des enfants dans le monde.

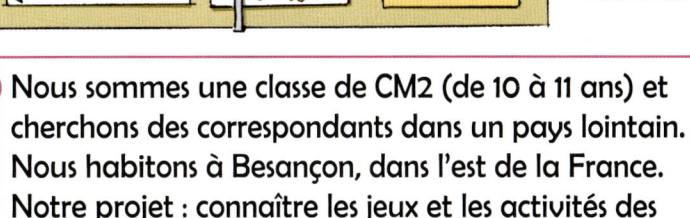

c Nous sommes une classe à Tananarive, sur l'île de Madagascar. Nous avons de 8 à 9 ans. Nous cherchons une classe qui apprend le français. Notre projet : connaître l'école, la nourriture et les fêtes dans votre pays. À bientôt peut-être !

1. TROUVEZ UNE CLASSE DE CORRESPONDANTS.
- Lisez les 3 annonces et choisissez vos correspondants.

2. RÉFLÉCHISSEZ !
- Faites la liste des informations que vous allez donner à vos correspondants : sur votre pays, votre ville, votre école, la vie quotidienne, la nature... ?

3. ORGANISEZ-VOUS ! FAITES DES PETITS GROUPES ET PARTAGEZ-VOUS LES TÂCHES.

Vous devrez :
- Écrire des petits textes pour donner vos informations.
- Faire des photos ou des dessins pour illustrer chaque information.
- Fabriquer votre diaporama avec l'aide de votre professeur ou fabriquer vos posters.

4. PRÉSENTEZ VOS PRODUCTIONS AU RESTE DE LA CLASSE.

5. ENVOYEZ-LES À VOS CORRESPONDANTS (VIRTUELS OU RÉELS) !

Sur le site www.momes.net, tu peux :
- trouver une classe de correspondants
- poster une annonce pour chercher une classe de correspondants.

Le blog de Félix

Salut ! Tu aimes lire ? Nos amis du Club Zigzag ont envoyé trois livres super intéressants (j'ai adoré !) qui parlent de trois pays francophones différents.

Les livres du Club Zigzag

a. C'est l'histoire d'une petite fille au Sénégal qui voudrait aller à l'école comme son frère. Malheureusement ses parents sont très pauvres et pensent qu'elle doit travailler à la maison. Mais avec l'aide de son frère Mamadou et de l'instituteur Monsieur Diop, elle va enfin réaliser son rêve.

Envoyé par Wali

b. Ce conte traditionnel du Maroc raconte l'histoire d'un garçon qui a de grandes oreilles. Pour son père, c'est terrible ! Il cache son fils à la maison et lui interdit de sortir. Quand le coiffeur vient lui couper les cheveux, il doit jurer de ne rien dire... ou on lui coupera la tête !

Envoyé par Saskia

c. Avec ce livre tu visites la France ! Tu découvres sa géographie, ses climats, ses paysages, ses spécialités et ses habitants. Chaque région a ses trésors. Du nord au sud ou d'est en ouest, il y a toujours quelque chose à découvrir... Dans le livre, tu trouveras un grand poster à colorier. Sans oublier les recettes gourmandes à préparer en famille !

Envoyé par Lisa

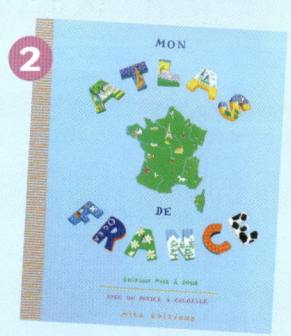

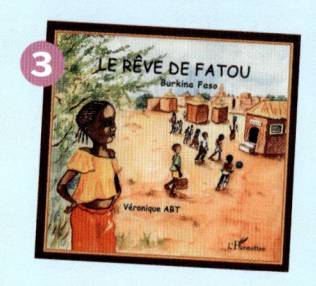

---

1 **Lis et observe. Avec ton voisin ou ta voisine,**
   a. lis chaque résumé, puis trouve le titre du livre correspondant.
   b. trouve de quel pays francophone il est question dans chaque livre.

2 **À ton tour, écris un petit message pour présenter un livre qui te plaît.**

Le titre du livre est... Il parle de... J'ai aimé ce livre parce que...

Pour t'aider
- **un instituteur** : un professeur d'école primaire
- **réaliser son rêve** : le rêve devient vrai
- **jurer** : promettre

La vidéo de Félix

1 Regarde le début de la vidéo de Félix.
Sur quel continent Jules a-t-il passé ses vacances ?

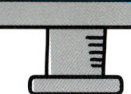

a.    b.    c.    d.

2 À ton avis, Jules a rapporté quels cadeaux pour son amie Juliette ?

a.    b.    c.    d.    e.    f.

3 Pour fêter leurs retrouvailles, les deux amis vont boire…

a.  du jus d'orange   b.  de l'eau fraîche   c.  du thé à la menthe   d.  du jus de dattes

4 Recherche des informations sur la Tunisie.

a. Où se trouve la Tunisie ? (Montre sur la carte de la page 77.)
b. Quelle est sa capitale ?
c. On y parle quelle(s) langue(s) ?
d. Que peut-on y faire pendant les vacances ?

LEÇON 1 — ALLÔ, MADAME BOUBA ?

1 **Rendez-vous à Paris. Observe les deux dessins. À ton avis…**

Où est Tom ? Où est Bouba ? Qu'est-ce qu'ils se disent au téléphone ?

2 **Vrai ou faux ? Écoute et dis.**

1. Tom appelle de Bruxelles.
2. Il va venir à Paris avec sa classe.
3. Ils ont fait un projet avec des correspondants et ont gagné un voyage à Paris.
4. Ils vont voyager en bateau, puis en train.

3 **La classe de Tom. Qui est qui ? Écoute et montre.**

Juliette | Clara | Tom | Sofia | Victor | Théo | Lisa | Antoine | Valentin

UNITÉ 6 ~ Ensemble... et en couleurs

4 Un peu de logique ! Voici quatre frères...

a.   b.   c.   d.

a. **Peux-tu trouver qui est Marco, Jules, Mathias ou Théo ?**

On sait que :
- Marco est plus grand que Jules.
- Matias est plus petit que Jules.
- Théo est plus grand que Marco.

b. **Regarde encore le dessin et complète.**

1. Jules est .... petit .... Marco.
2. Marco est .... mince .... Théo.
3. Matias est .... grand .... Marco.
4. Marco est aussi sportif que ....
5. Théo est .... gourmand .... Jules.
6. Marco a les cheveux moins .... que Jules.

Pour comparer des personnes ou des objets

Il/Elle est plus petit(e) que ...
Il/Elle est moins grand(e) que ...
Il/Elle est aussi gourmand(e) que ...

Ils/Elles se ressemblent.
Jules ressemble à son frère.

La boîte à outils de Pirouette la chouette

5 Joue avec tes camarades ! Je te ressemble parce que...

> Je te ressemble parce que je suis aussi grand que toi.

> Je te ressemble parce que je suis aussi sympa que toi !

> Je te ressemble parce que je porte des lunettes !

> Je te ressemble parce que j'ai les cheveux courts, comme toi !

63

LEÇON 2 — PARIS VU DU CIEL

1 🎧 🔍 Une visite de Paris en hélicoptère ! Écoute et montre les photos de Tom.

2 💬 Associe chaque étiquette à la bonne photo.

- a. Le jardin des Tuileries
- b. Le Pont-Neuf
- c. Le musée du Louvre
- d. La Tour Eiffel
- e. L'avenue des Champs-Élysées
- f. Notre-Dame-de-Paris
- g. Les bateaux-mouches sur la Seine

UNITÉ **6** Ensemble... et en couleurs

3 Paris-super Quiz ! Vrai ou faux ?

a. **Lis les affirmations et réponds avec ton équipe.**

Vrai... ou faux ?
Ton équipe marque 1 point par bonne réponse !

1. Paris est **la plus belle ville** de France.
2. La Tour Eiffel est **le monument le plus visité** au monde.
3. Le musée du Louvre est **le musée le plus visité** au monde.
4. La Seine est **le plus long fleuve** français.
5. Le Pont-Neuf est **le plus vieux pont** de Paris.
6. Les bateaux-mouches sont **les plus petits bateaux** au monde.

b. 🎧22 Écoute Félix pour vérifier.

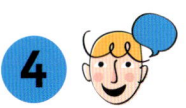

4 Et dans ton pays... ?

a. Quelle est **la plus grande ville** ?
b. Quel est **le plus long fleuve** ?
c. Quel est **le monument le plus visité** ?
d. Quel est **le sportif le plus célèbre** ?

5 🎧23 Les quatre maisons des sons. Mets chaque image dans la bonne maison, puis écoute pour vérifier.

[b]   [v]   [s]   [z]

① ② ③ ④ ⑤ ⑥
⑦ ⑧ ⑨ ⑩ ⑪
⑫

La boîte à sons de Pic Pic le hérisson

65

LEÇON 3 — TOUS DIFFÉRENTS... TOUS DES ENFANTS !

1 Observe ces deux documents. À ton avis, qu'ont-ils en commun ?

1

TOUS ENSEMBLE ET en COULEURS

2

Tous pas pareils et tous égaux

mrap
mouvement contre le racisme et pour l'amitié entre les peuples
43 boulevard Magenta - 75010 Paris - 01 53 38 99 99

mrap
Mouvement contre le Racisme et pour l'Amitié entre les Peuples

2 Observe le document n°1.
a. Décris les enfants qui sont sur le dessin.
b. À ton avis, que veut dire ici l'expression TOUS ENSEMBLE ET en COULEURS ?

3 Observe le document n°2.
a. Que vois-tu sur cette affiche ?
b. À ton avis, que veut dire la phrase « Tous pas pareils et tous égaux » ?

UNITÉ **6** Ensemble... et en couleurs

4 Grande fête des enfants d'ici et d'ailleurs !

a. Observe le dessin. Que vois-tu ?

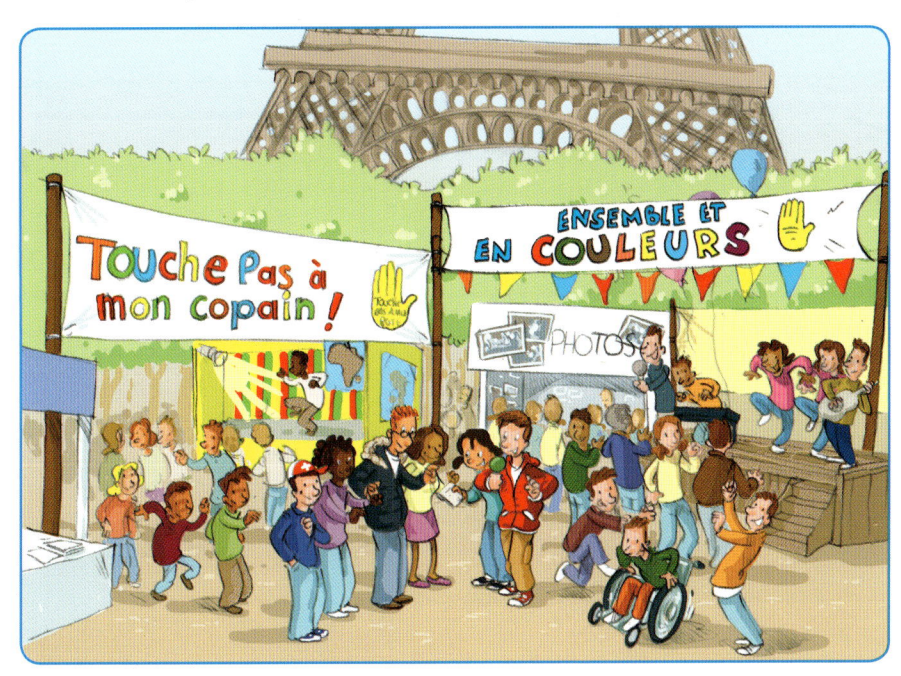

b. 🎧24 Écoute le reportage de Radio Zigzag, puis réponds aux questions :

1. Quand cette fête a-t-elle lieu ?
2. Qui participe à cette fête ?
3. D'où viennent les enfants interviewés ?
4. Quels projets ont-ils réalisés ?

5 Chante avec Tilou !

a. 🎧25 Écoute la chanson *Fais voir le son.*

> Que ta peau soit du café au lait
> Du chocolat, du beurre ou du pain frais
> Quelle que soit la couleur elle est pareille
> Quand on regarde avec les oreilles
> Tout dépend de l'endroit où tu tapes
> Du coin de ta peau où tu frappes...
> Steve Waring

b. À ton avis...

1. As-tu aimé cette chanson ? Explique pourquoi elle te plaît ou elle ne te plaît pas.
2. Écoute encore. De quoi parle cette chanson ? Justifie ta proposition avec des mots ou des phrases que tu as entendues.

c. Découvre le texte de la chanson dans ton cahier d'activités.

BD

1 🎧 **Lis et écoute la BD.**

1. TES MANGAS SONT JAPONAIS…
2. TA PIZZA EST ITALIENNE. / TES ORANGES SONT ESPAGNOLES.
3. TON COUSCOUS EST MAROCAIN. / TON GUACAMOLE EST MEXICAIN.
4. TES JOUETS SONT CHINOIS…
5. … TON CACAO EST AFRICAIN…
6. TES CHAMPIONS DE FOOT SONT BRÉSILIENS…
7. … ET TON COPAIN, D'OÙ IL VIENT ?

2 **Comment comprends-tu le message de la dernière bulle :** ET TON COPAIN, D'OÙ IL VIENT ?

3 **Ajoute deux vignettes à la BD.** Le texte de chaque vignette commencera par Ton…, Ta… ou Tes… (Utilise la fiche qui est dans ton cahier d'activités.)

Projet

TOUS DIFFÉRENTS, TOUS DES ENFANTS

Avec ta classe, organise une exposition pour dire OUI à la diversité, NON au racisme et aux discriminations !

Samira parle arabe avec son papa et français avec sa maman.

Mo mange de la soupe au petit-déjeuner avec des baguettes et une cuillère.

Chez Thomas, c'est le papa qui fait la cuisine.

Dans le pays où vit Pegah, le week-end c'est le vendredi et le samedi.

Lucas ne peut pas marcher, mais c'est le plus fort de la classe en calcul.

EN PETITS GROUPES

1. CHOISISSEZ VOTRE PROJET. VOUS POUVEZ :
   a. fabriquer des affiches avec des collages, des dessins et des slogans.
   b. photographier des traces d'autres pays et d'autres cultures dans votre ville, légender les photos et les exposer.
   c. réaliser un livre de la diversité : présenter des recettes du monde... des maisons du monde... des écoles du monde... ou des jeux d'enfants du monde.

2. ORGANISEZ-VOUS ! PARTAGEZ-VOUS LES TÂCHES ET RÉALISEZ VOTRE PROJET.

AVEC TOUTE LA CLASSE

1. PRÉSENTEZ VOS PRODUCTIONS À VOS CAMARADES.

2. EXPOSEZ VOS PRODUCTIONS DANS VOTRE ÉCOLE.

3. PROPOSEZ AUX ENFANTS DES AUTRES CLASSES DE RÉALISER UNE EXPOSITION SUR LA DIVERSITÉ... EN FRANÇAIS OU DANS UNE AUTRE LANGUE !

Je découvre avec Félix

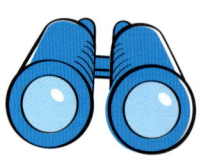

1 Associe chaque activité à la bonne photo.

PARIS EN FAMILLE
5 activités incontournables avec les enfants !

1 Monter au sommet de la Tour Eiffel et regarder la ville d'en haut. Les rues, les maisons et les voitures vous sembleront toutes petites !

2 Faire naviguer des bateaux sur les bassins du jardin des Tuileries ! C'est tellement amusant !

3 S'initier à l'art avec le Musée en herbe !
Des visites guidées et des jeux de piste vous feront découvrir l'art et la culture à travers le jeu et l'humour. C'est captivant pour les petits comme pour les grands !

4 Rendre visite aux animaux du parc zoologique de Vincennes ! Vous pourrez voir plus de 125 espèces d'animaux dans un immense parc de 15 hectares.

5 Découvrir les dinosaures au Museum national d'histoire naturelle et comprendre l'évolution des espèces, waouh, c'est génial ! Si vous vous intéressez aux sciences de la vie et de la terre, vous trouverez des informations très intéressantes sur le monde animal.

2 Choisis tes deux activités préférées. Explique ton choix.

La vidéo de Félix

1 Regarde la vidéo de Félix. Qui est Alicia ?

a. C'est la meilleure amie de Juliette.
b. C'est la cousine préférée de Juliette.
c. C'est la plus jeune sœur de Jules.
d. C'est la correspondante de Juliette.
e. C'est une nouvelle camarade de classe de Juliette.

2 Quelle est la photo de Sofia ? Explique ton choix.

a. b.

3 Que penses-tu du petit Tom ? Peux-tu lui donner un conseil ?

.... !

4 Julie et Juliette habitent…

a. à Besançon ? b. à Saint-Malo ? c. à Lyon ? d. à Bordeaux ?

5 Cherche des informations touristiques sur cette ville.

a. Où se trouve-t-elle ?
b. Quels sont ses monuments célèbres ?
c. Comment s'appelle son fleuve ?

Les jeux du Club Zigzag

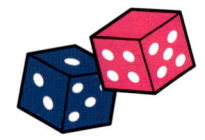

1 Lis et explique la règle du jeu.

HÉLICOPTÈRES ET TOBOGGANS !

Nombre de joueurs : à partir de 2

Matériel
- Une grille de jeu
- Des questions
- Un pion par joueur
- Un dé

But du jeu
- Arriver à la case n° 24 avant les autres joueurs.

Règle du jeu
- Le joueur le plus jeune commence.
- Il lance le dé, avance son pion et répond à la question correspondant à la case où il arrive.
  Si sa réponse est juste, il pose son pion sur la case. Si sa réponse est fausse, il retourne où il était.
- Si le joueur tombe sur une case avec un hélicoptère, il monte d'une case.
  S'il tombe sur une case avec un toboggan, il descend d'une case.
- Le premier qui arrive à la case « Arrivée » a gagné !

2 Joue avec ton voisin ou ta voisine !

QUESTIONS

1. Quel est le musée le plus visité au monde ?
2. « Judo », c'est un mot qui vient du japonais ou de l'italien ?
3. Où vivent les nomades, dans le désert ou au bord de la mer ?
4. Comment s'appellent les bateaux qui promènent les touristes sur la Seine ?
5. Tu mesures combien ?
6. Cite 4 animaux domestiques.
7. Quelle est la capitale de la Belgique ?
8. Complète la question : … tu habites ? – Au Maroc !
9. Donne 5 conseils pour protéger la nature et les animaux.
10. Descends à la case n° 9 !
11. « Baskets », c'est un mot qui vient du grec ou de l'anglais ?
12. Tu pars en voyage à Québec en février. Qu'est-ce que tu mets dans ta valise ? (Cite 5 vêtements et accessoires.)
13. Où est-ce qu'il y a des « oasis » ?
14. Qu'est-ce que tu apprends comme langue(s) à l'école ?
15. Descends à la case n° 14 !
16. Combien font 1500 + 250 ?
17. Quelles sont les couleurs du drapeau français ?
18. Quelle est la capitale de la Belgique ?
19. Cite 3 pays voisins de la France.
20. Tu mets le couvert. Qu'est-ce que tu mets sur la table ? (Cite 5 objets.)
21. Quelles langues est-ce qu'on parle au Canada ?
22. Complète la phrase : Hier j'… … (glisser) dans la neige et je … … (tomber).
23. Tu pars en vacances sur une île déserte. Qu'est-ce que tu mets dans ta valise ? (Cite 5 objets.)
24. **Bravo ! Tu es arrivé !**

HÉLICOPTÈRES ET TOBOGGANS !

Qui arrivera le premier ou la première à la case 24 ?

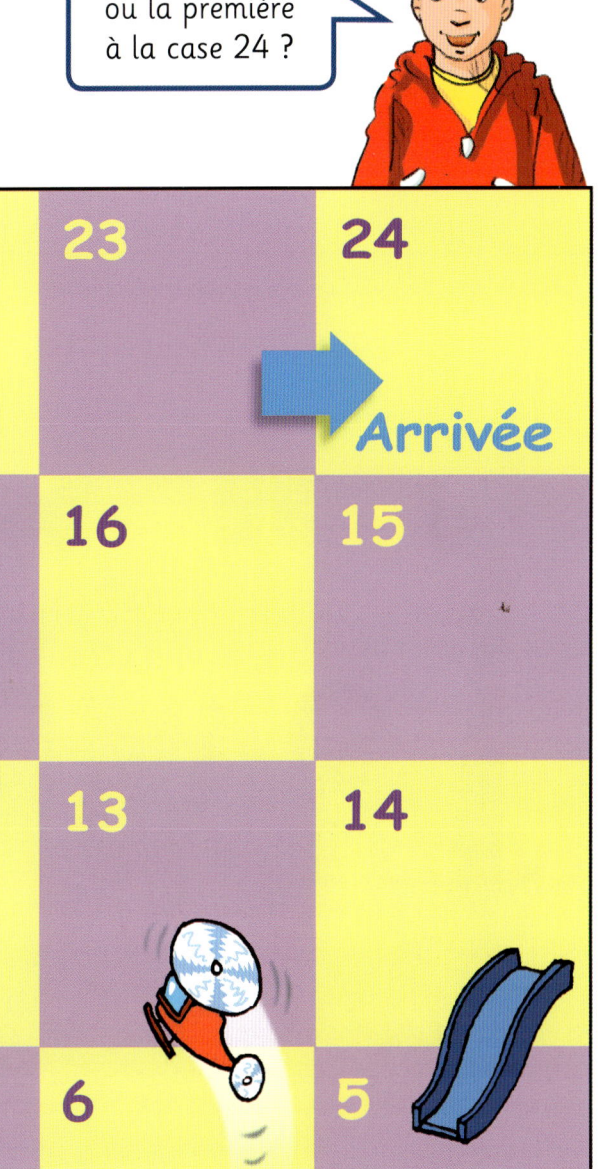

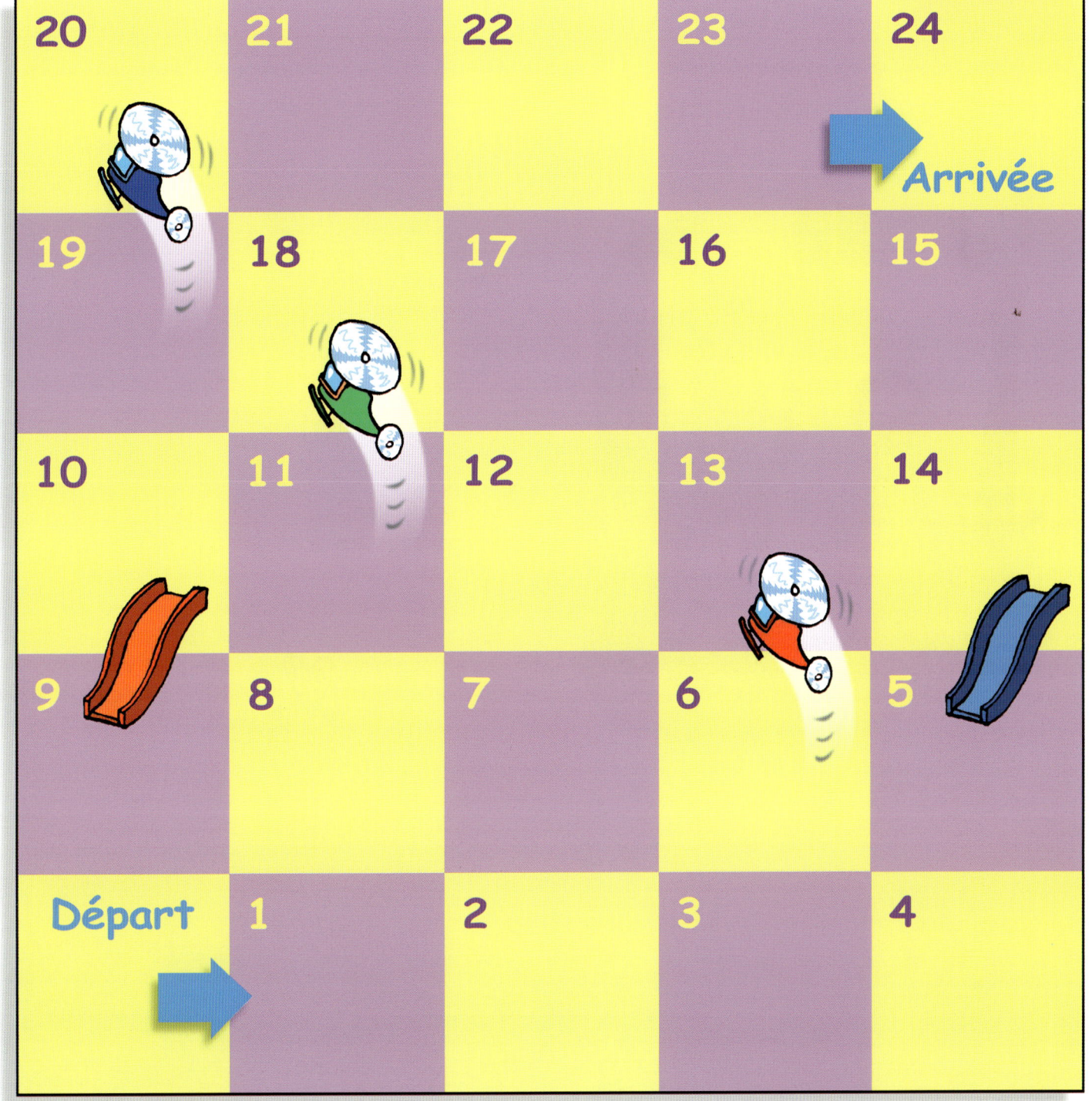

JE LIS AVEC LE CLUB ZIGZAG

1 Lis, puis écoute cette nouvelle de Bernard Friot.

Cette nouvelle écrite par Bernard Friot est extraite de *Histoires minute* © 2007 éditions Milan. Les illustrations sont de Jacques Azam.

Une histoire

*Pour deux personnes
(Olaf et Kidi)*

Ingrédients :
- des cheveux blonds
- des tresses brunes
- un grain de beauté
- une cicatrice
- une salle de classe
- beaucoup d'amour
- un peu de patience

Je lis avec le Club Zigzag

Il est grand. Elle est un peu ronde.
Il est blond. Elle a de longues tresses brunes.
Il a la peau très pâle. Elle est noire.
Il est né en Norvège. Elle vient du Gabon.
Il a un grain de beauté sur la joue. Elle a une cicatrice au menton.

Ils sont dans la même classe, à Évry, près de Paris. Lui, c'est Olaf, et elle, Kidi.

Olaf regarde Kidi quand elle ne le voit pas.
Kidi pense à Olaf, même la nuit, parfois.
Un jour, Olaf s'assoit à côté de Kidi. Kidi se tourne vers lui, et sourit.

Voilà, l'histoire peut commencer.

2 **As-tu bien compris ?**

a. Où se passe l'histoire ? dans quel pays ?
b. Qui sont les personnages ?
c. Décris chaque personnage.
d. Quel est leur caractère ?
e. À ton avis, pourquoi l'auteur donne-t-il une liste d'*ingrédients* ?

3 **Atelier d'écriture. Choisis *l'atelier 1* ou *l'atelier 2*.**

a. **Atelier 1.** Imagine la suite de l'histoire d'Olaf et Kidi.
b. **Atelier 2.** Imagine une autre histoire avec de nouveaux ingrédients.
Écris un texte sur ton cahier d'activités page 57, illustre-le, puis présente-le à tes camarades.

LA FRANCE

- Saint-Malo
- Paris
- Strasbourg
- Nantes
- Besançon
- Genève
- Lyon
- Bordeaux
- Marseille
- Nice

Rivers: Seine, Rhin, Loire, Saône, Rhône, Garonne

LE MONDE FRANCOPHONE

■ ○ On parle français en famille, à l'école, dans la rue.
Le français est la « langue maternelle ».

■ On parle français à l'école et dans la rue, avec d'autres langues. Le français est une « langue officielle ».

■ On parle le français un peu à l'école et parfois dans la rue.

Unité	Communication	Lexique
UNITÉ 0 **EN ROUTE POUR L'AVENTURE !**	**Parler de ses projets :** Nous allons visiter de nouveaux pays... Je veux aller dans le désert... **Décrire des photos et des paysages :** Là, c'est sur une plage, après un orage... **Communiquer en classe :** Tu peux me prêter ta gomme, s'il te plaît ?... **Parler de soi :** Mon anniversaire, c'est le 15 avril... Je vais à l'école en bus... **Interroger ses camarades :** Qu'est-ce que tu aimes faire pendant les vacances ?...	**Réactivation** du lexique de Zigzag 2. Langue de la classe.
UNITÉ 1 **OHÉ... LES PIRATES ARRIVENT !**	**Présenter un site touristique :** Saint-Malo, c'est la ville des pirates et des corsaires... **S'orienter :** Tu pars à droite vers l'ouest de l'île... **Parler des activités des pirates :** Ils cachent leur trésor sur une île déserte... **Décrire quelqu'un, parler de son caractère :** Il/Elle est courageux(se), méchant(e), gourmand(e)... **Décrire un bateau pirate :** Le coffre au trésor est dans la cabine du capitaine... **Parler de ce que l'on fera plus tard :** Quand je serai grand, je serai vétérinaire...	Lieux touristiques Paysages Bateaux de pirates Activités de pirates (!) Adjectifs pour décrire le carac Métiers
UNITÉ 2 **LA VIE DE CHÂTEAU !**	**Situer dans l'espace :** Vous êtes devant la façade sud du château... **Situer dans le temps :** La construction du château date de 1519... **Comprendre des informations données par un audio guide** **Identifier et nommer des nombres supérieurs à 100** **Passer commande dans un restaurant :** En dessert, je prendrai une tarte aux cerises... **Comprendre un petit texte documentaire :** À la table du roi **Parler d'actions passées :** Nous avons traversé la forêt à cheval... J'ai fait des crêpes... **Raconter ses rêves :** J'ai fait un rêve bizarre...	Monuments Pièces/parties d'une maison ou d'un château Grands nombres Menus et plats Couverts de table Verbes d'action

LES JEUX DU CLUB ZIGZAG

Unité	Communication	Lexique
UNITÉ 3 **RADIO PLANÈTE ZIGZAG**	**Identifier, décrire et caractériser des animaux :** Il/Elle pèse entre 4 et 7 kilos, mesure entre 1 et 3 mètres, vit en Afrique, mange des poissons.... **Catégoriser les animaux :** Dans le parc, il y a des mammifères, des reptiles... Ils sont végétariens... carnivores... **Comprendre une interview radiophonique :** Interview d'une vétérinaire. **Identifier et expliquer un phénomène :** Les ours polaires sont en danger parce que la banquise fond... **Comprendre un petit texte documentaire :** Pandas/Éléphants en danger. **Donner des conseils ou des instructions :** Protégez les animaux... Ne coupez pas les fleurs !...	Animaux sauvages Animaux domestiques Espèces menacées Protection de l'environnement
UNITÉ 4 **DESTINATION QUÉBEC !**	**Comprendre et donner des informations sur un pays :** sa monnaie, son drapeau, son climat, la(les) langue(s) parlée(s)... **Décrire des personnes et leurs activités :** Voici une fille qui fait de la luge... Des enfants qui patinent... **Dire sa nationalité :** Je suis canadien(ne)... Je suis français(e)... **Identifier différentes langues parlées :** Il parle français, anglais et portugais... **Dire ce que l'on sait faire :** Je sais parler japonais... **Raconter des événements passés :** Elle a glissé sur la neige et elle est tombée...	Activités/Sports d'hiver Nationalités Langues Verbes d'action

LES JEUX DU CLUB ZIGZAG

Unité	Communication	Lexique
UNITÉ 5 **DESTINATION MAROC !**	**Parler de ce que l'on a déjà ou pas encore fait :** Vous êtes déjà allés au Maroc... Je n'ai jamais dormi dans le désert... **Communiquer dans un magasin pour faire un achat :** Tu fais quelle pointure ?... Elles coûtent combien, monsieur ?... **Raconter une excursion :** Nous sommes partis dans le désert... Nous avons fait une randonnée à dromadaire... **Exprimer un sentiment ou une perception :** Qu'est-ce que c'est beau !... Qu'est-ce qu'il fait chaud ! **Comprendre une affiche publicitaire :** (affiche de l'UNICEF pour la scolarisation des filles) **Comprendre un petit texte documentaire :** Tous les enfants n'ont pas la chance d'aller à l'école.	Lieux et activités de tourisme Achats École et scolarisation Correspondance scolaire Travail des enfants dans le monde
UNITÉ 6 **ENSEMBLE... ET EN COULEURS**	**Décrire des personnes, exprimer une comparaison :** Elle est moins grande que Lisa.... Il est aussi sportif que Théo... **Exprimer une ressemblance :** Il ressemble à son frère... **Caractériser des lieux :** C'est le musée le plus visité au monde... C'est le plus vieux pont de Paris... **Exprimer un point de vue :** À mon avis... Je pense que... **Exprimer un engagement :** Tous ensemble contre le racisme ! **Exprimer l'origine de quelque chose ou de quelqu'un :** Tes mangas sont japonais... Et ton copain, d'où il vient ?	Caractéristiques physiques et psychologiques Monuments de Paris Amitié - Diversité Projets d'école

LES JEUX DU CLUB ZIGZAG

Unité	Communication	Lexique
JE LIS AVEC LE CLUB ZIGZAG	**Comprendre un petit texte narratif :** Une histoire (B. Friot)	Amitié - Diversité

Phonétique	Observation de la langue	Découvertes culturelles	Projet
	Utiliser les verbes *pouvoir* et *vouloir* au présent	Photos de différents pays du monde francophone (les voyages de Félix) *Sept couleurs magiques*, un poème de Mimy Doinet	
Identifier et reproduire les liaisons	Accord en genre d'adjectifs se terminant par : *-eux*, *-and*, *-ant*, *-il*, *-el* Masculin/féminin des noms de métier Parler de ce que l'on fera plus tard : formation et emploi du futur simple	La ville de Saint-Malo en Bretagne Les pirates et les corsaires **Le blog de Félix** : Des livres sur les corsaires et les pirates	**Préparez votre expédition pirate !** Vous aurez 6 missions à accomplir : - Former votre équipage - Prévoir les provisions et le matériel à emporter - Ranger le matériel dans le bateau - Prévoir les activités à bord - Décrire votre île au trésor - Cacher votre trésor
Identifier et reproduire dans des énoncés le phonème [wa] [ou] ou [e] ? (présent ou passé composé ?)	Raconter au passé : formation et emploi du passé composé avec « avoir » (verbes en –er + *dormir, faire, mettre*)	Le château de Chambord – Le roi François 1er Différents bâtiments à travers les siècles Le restaurant et les menus en France **Je découvre avec Félix** : Peinture de la Renaissance : Arcimboldo et les quatre saisons	**Bienvenue au château !** Vous voici transportés dans le passé... Nous sommes en 1540. Vous vivez dans un immense château. Des voyageurs vont venir vous rendre visite. Vous préparez leur arrivée...
Identifier et reproduire dans des énoncés le phonème [an]	Utiliser *parce que* pour expliquer quelque chose Former et utiliser l'impératif (formes affirmative et négative) pour - donner une instruction ou un conseil - exprimer une interdiction	Le parc zoologique de la *Tête d'Or*, à Lyon Les Français et leurs animaux domestiques Les espèces animales menacées La protection des animaux et de l'environnement Une chanson francophone pour jeune public : *La baleine bleue* (S. Waring) **Le blog de Félix** : J'agis pour ma planète : un potager écologique dans une école, aller à l'école en pedibus	**Petit abécédaire des animaux menacés !** Partout dans le monde des animaux disparaissent ! En groupes, faites un abécédaire des animaux menacés. Vous expliquerez pourquoi les animaux sont en danger et comment on peut les protéger.
Identifier différents « accents » francophones	Raconter au passé : formation et emploi du passé composé avec « être » (verbes en -er + quelques verbes usuels) Utiliser le pronom relatif *qui*.	Le Québec (au Canada) Le carnaval d'hiver à Québec La diversité des langues **Je découvre avec Félix** : La francophonie	**Petit carnet de voyages...** Vous avez passé des vacances dans un pays réel ou imaginaire. Vous fabriquez un carnet de voyages pour raconter votre voyage et présenter le pays où vous êtes allés.
Intonation des énoncés exclamatifs et des énoncés interrogatifs	Identifier et utiliser des phrases exclamatives et interrogatives en contexte Former et utiliser le passé composé à la forme négative Exprimer un nombre, une quantité : Tous les enfants... Toutes les filles... Plus de 200 millions d'enfants... • Utiliser les pronoms *le, la, les*.	Le Maroc ; la ville de Marrakech Une « petite école du désert » Une campagne de l'UNICEF pour la scolarisation des enfants La journée mondiale contre le travail des enfants **Le blog de Félix** : Des albums de littérature de jeunesse francophone	**Des correspondants francophones dans le monde entier** Vous voulez avoir des amis dans le monde entier et découvrir d'autres cultures ? Avec votre classe, correspondez avec des enfants qui apprennent ou parlent le français dans d'autres pays ! Réalisez en petits groupes un diaporama ou un poster pour présenter votre classe, votre école, votre ville ou votre vie quotidienne.
Identifier et reproduire les phonèmes [b], [ ], [s], [z] dans des énoncés	Utiliser des comparatifs : *plus grand que, aussi grand que, moins grand que...* Utiliser des superlatifs : *la plus grande avenue, le monument le plus visité...*	Paris et ses monuments La semaine d'éducation contre le racisme Une chanson française pour jeune public : *Fais voir le son* (S. Waring) **Je découvre avec Félix** : PARIS EN FAMILLE : 5 activités incontournables avec les enfants !	**Vive la diversité ! Tous différents... Tous des enfants !** Passez à l'action ! Organisez dans votre école une grande exposition pour dire OUI à la diversité et NON au racisme et aux discriminations !

Phonétique	Observation de la langue	Découvertes culturelles	Projet
		Une histoire, nouvelle de B. Friot (Littérature jeunesse)	

CRÉDITS PHOTOGRAPHIQUES

p. 5 ht g : FOTOLIA / Prod.Numérik – p. 5 ht m : FOTOLIA/distinctive Images – p. 5 ht d : FOTOLIA/auremar – p. 5 m g : FOTOLIA/Letzter – p. 5 m d : FOTOLIA/Nazzu – p : 7 FOTOLIA/Samuel Borges – p. 13 ht : FOTOLIA/Samuel Borges – p. 13 g : FOTOLIA/auremar – p. 13 m : FOTOLIA/ChantalS – p. 16 ht : Au secours ! Un pirate sans pitié, O. Lallemand illustrations L. Audouin, Nathan – p. 16 m : Jean-Michel Billioud, À bord du bateau pirate, illustrations d'Olivier Latyk, Collection Le Monde animé, Gallimard Jeunesse – p. 16 b : Nicolas Méricx, Pirates en Somalie, Camille Bouchard, illustrations Alexandra Myotte, Dominique et Compagnie – p. 18 m d HEMIS / Bertrand Rieger – p. 18 m : FOTOLIA/amidala – p. 18 m g : FOTOLIA/Karl-Heinz Strüdel – p. 18 b g : FOTOLIA/pedrosala – p. 18 b d : FOTOLIA/Yvann K – p. 18 mg : BIS/Archives Larbor/Hubert Josse – p. 19 d : BIS / Ph.Cynoclub – p. 19 g : PHOTO12.COM / ALAMY – p. 19 m bg : GETTY IMAGES France / Adam Crowley – p. 19 m hd : Droits Réservés – p. 19 m hg : BIS/ Ph. Cyril Papot – p. 19 b md : FOTOLIA/Jose Ignacio Soto – 20 h g : FOTOLIA/victoria p – p. 20 h d : FOTOLIA/Svenja98 – p. 20 m h g : FOTOLIA/Bikeworldtravel – p. 20 h m m : FOTOLIA/Jerôme Rommé – p. 20 h m d : FOTOLIA/ Viktor – p. 20 m g : FOTOLIA/PeJo – p. 20 m d FOTOLIA/chas 53 – p. 20 m b g : FOTOLIA/Yves Roland – p. 20 m b d : FOTOLIA/Stefano Pareschi – p. 20 b g : FOTOLIA/Gelpi – p. 20 b d : FOTOLIA/Samuel Borges – p. 23 h FOTOLIA/Samuel Borges – p. 23 m g FOTOLIA/Jurgen Fälchle – p. 23 d : FOTOLIA/Gelpi – p. 25 m : THE PICTURE DESK / Dagli-Orti – p. 25 b g : FOTOLIA/Valua Vitaly – p. 25 b d : FOTOLIA/Gelpi – p. 26 bas d : BIS / © Archives Larbor – p. 26 bas g : BIS / © Archives Larbor – p. 26 ht : AKG Images/ Eric Lessing – p. 26 m d : BIS / © Archives Larbor – p. 26 m g : BIS / © Archives Larbor – p. 27 p. 27 ht g à d : Thomas Francois/Adobe stock ; ALF photo/Adobe sock ; 3532studio/Adobe stock ; Tanja/Adobe stock – p. 27 bas g à d : ALF photo/Adobe stock ; ALF photo/Adobe stock ; coffeemill/Adobe stock ; ExQuisine/Adobe stock – p. 28 ht : tatiana.kor_/Adobe stock – p. 28 m : Klara Viskova/Adobe stock – p. 31 m g : FOTOLIA/kamonrat – p. 31 m m : FOTOLIA/Stef Run – p. 31 m d : FOTOLIA/ Nejron Photo – p. 31 b g : FOTOLIA/ots-photo – p. 32 ht : « Les espèces menacées », Emmanuelle Grundmann, Editions Milan Jeunesse – p. 32 g h : FOTOLIA/achimdiver – p. 32 g m h : FOTOLIA/elizalebedewa – p. 32 g m b : FOTOLIA/santiphoto – p. 32 g b : FOTOLIA/Daniel Prudek – p 33 h g : FOTOLIA/Silver-john – p. 33 h d : FOTOLIA/Johan Swanepoel – p. 35 : FOTOLIA/Paty Wingrove – p. 38 b g : savoieleysse/Adobe stock – p. 38 : b m g : © pour photo PEDIBUS – p. 38 b m d : Logo À pied. À l'école. Accompagné. Pour une mobilité d'aver. Ate – p. 38 b d : Petra Beerhalter/Adobe stock – p. 40 h d FOTOLIA/paugoga – p. 40 m g : FOTOLIA/Nathan Allred – p. 40 m d : FOTOLIA/Jakob Radlgruber – p. 40 b g : FOTOLIA/Frédéric Prochasson – p. 40 m m : FOTOLIA/Yann Perrier – p. 48 : CORBIS / Florian Schuh – p. 49 : bas ht d : Iuliia Metkalova/Adobe stock ; bas bas m : almaje/Adobe stock – p. 56 : bas UNICEF France – p. 57 : AFP / Deshakalyan Chowdhury – p. 60 bas : Editions Mila – p. 60 ht Les éditions des Braques 2012 – p. 60 bas : Le rêve de Fatou, Burkina Faso, Véronique Abt, Coll. Contes des quatre vents, © L'Harmattan, 2005 – p. 60 m : Les éditions des Braques 2012 – p. 61 ht ht g à d : Nicescene / Shutterstock.com ; mammitzsch/Adobe stock ; may1985 ; Adobe stock ; mitrs3/Adobe stock – p. 61 bas g à d : Anna Kucherova/Adobe stock ; 280119/Adobe stock ; M.studio/Adobe stock ; nblxer/ Adobe stock – p. 70 b t : Redzen/Adobe stock – p. 70 b m g : Keenpress/GettyImages – p. 70 b m d : Christophe Lehenaff/Photononstop – p. 70 b b g : asife/Adobe stock – p. 70 b b d : Lionel Belluteau - unoeilquitraine - Invader - Muséee en herbe-4... – p. 71 m g : Cookie Studio/Adobe stock – p. 71 bas g à d : Pierre-Jean DURIEU/ Adobe stock ; Nikolai Sorokin/Adobe stock ; Jonathan Stutz/Adobe stock ; Martin M303/Adobe stock – p. 74-75 : extraits de « Histoires minute » de Bernard FRIOT, illustré par Jacques AZAM, collection Milan Poche Cadet, © 2007 éditions Milan.